Attraction Fatàle

Bartlett Cuillerier

Contents

** 1 **

Il faut fuir, il faut courir pour être sauve... C'est ce qu'il a dit... Mais qui m'as dis ça ? Je... Je ne sais plus, je ne me rappelle pas. Je sais juste qu'il faut courir pour être en vie. Je dois me sauver pour vivre mais... Et les autres ? Que va-t-il se passer avec les autres ? Il faut que je retourne auprès de mes parents, ils ne sont pas en sécurité avec tout ce sang dégoûtant...

« Ne retourne pas là-bas. »

Je m'arrête sur mon élan, regardant autour de moi, qui a parlé ? Quelqu'un me suit ? Je ne suis pas en sécurité, il a menti... « cours » Je m'exécute en recommençant à sangloter. Cette voix est la mienne mais elle est tellement différente. Je me retourne une fois, ressentant un regard sur moi, je me fige en voyant au loin deux prunelles azurs. «Cours » me redit la voix dans ma tête alors que je suis attirée par ces odeurs apaisante.

C'est étrange comme tout a disparu en moi, plus de peur, plus de tristesse, plus de douleur... Il n'y a que ces yeux qui m'observent, comme s'ils apaisaient tout mon être. J'ai envie d'aller voir de plus prêt mais au premier pas, un grondement se fait entendre. Un grondement menaçant qui ne m'effraie pourtant pas.

« Cours, tu dois partir d'ici et te sauver... Je te retrouverai un jours, ne t'en fais pas, tu es ma moitié, la plus précieuse cependant, tu dois partir et oublier tout ça... Oublie moi pour l'instant... Maintenant, cours... »

Il fait encore nuit mais le soleil ne va pas tarder à ce lever. Je cours sans pouvoir m'arrêter alors que je suis épuisée, ma bouche est sèche, ma gorge me fait mal et mes poumons me brûlent mais je dois couri r... Pourquoi ? « cours... sauve toi » Je ne sais pas mais je dois courir.

Alors que je m'arrête une seconde, une odeur qui m'est familière s'élève autour de moi. Elle est aussi un peu trop pimentée. Elle me rappelle mon père... C'est impossible... Je tente de fuir mais des bras me saisissent, me débattant, j'arrive à blesser l'ennemi mais l'effluve de sang me sort de ma crise. C'est l'odeur de mon père ?

- Calme toi ! Tu es en sécurité ma chérie ! Calme toi... Je suis ta tante, je vais prendre soin de toi...

Je n'entends plus ce qu'elle dit, aspirée par les ténèbres, fatiguée, épuisée mais je n'ai plus peur. Non pas parce que cette femme m'a prise dans ses bras mais parce qu'une voix dans ma tête continue de me parler. Elle me dit que tout va bien maintenant et je la crois...J'ai peur, ils me regardent tous bizarrement. Pourtant, ils m'ont recueilli et m'ont donné à manger. Tante Beka est très gentille, elle veille sur moi depuis qu'elle m'a retrouvée. ils attendent peut être que je leur raconte...

J'ai peur... J'ai honte...

Leur Alpha, et désormais le mien aussi, s'approche, il me regarde de haut et fronce les sourcils. Je crois qu'il s'impatiente. Il jette une oeil vers Beka et lui fait un signe discret de la tête. Mais je le vois, je ne suis plus une enfant. Plus maintenant...

Ma tante me caresse le bras pour m'encourager. Parle maintenant. Voilà ce que veux dire son visage.

En m'acceptant, ils m'ont accepté dans leur meute, je suis une des leurs, Je peux les comprendre sans qu'ils ne parlent. C'est comme ça que nous fonctionnons, avec des pressentiments.

- Je ne me rappelle plus, je ne veux pas me rappeler... Dis-je fermement.

- Sais-tu qui a fait ça? Parle Kam, l'Alpha est toujours calme même s'il paraît méchant.

- Non. Je dormais. J'ai entendu crier et mon père est entré dans ma chambre pour m'ordonner de partir. J'ai fuis dans la forêt. Lorsque je suis revenue, ils étaient tous mort. Avouais-je honteusement. Kam place sa main chaude sur ma tête.

- Tu as bien fait Marisha. Ne culpabilise pas d'avoir obéis. Tu es sauve et tu es des nôtres maintenant, c'est la seule chose que tes parents voulaient. L'Alpha Brash a perdu la tête depuis que sa compagne est partie...

Je plisse les yeux et inconsciemment imprime le nom. Brash... Le monstre qui a tué ma famille, ma meute, mes parents...

Une impression étrange m'envahit. Ma poitrine se ressert et un grognement me remonte l'œsophage. La bête qui est en moi se déchaîne et je la laisse faire, sentant son besoin de faire son deuil. Alpha Kam écarquille les yeux et fait un pas en arrière.

- Ta bête se réveille? C'est impossible, tu n'as que douze ans!

Il s'agenouille devant moi et me caresse le visage. Les larmes coulent au fur et à mesure que je grogne involontairement. Ma bête se lâche, hurlant sans retenue son chagrin dans mon petite corps de fillette.

Moi, je pleure aussi, parce qu'il sont tous mort, parce que je suis seule, parce que je suis en vie...

Parce que j'ai honte de l'être.

** 2 **

5 ans plus tard.

Le groupe est complet, je sens quelques regards me griller le dos mais je m'en fiche. L'Alpha nous évalue pour la protection du territoire.

À dix-sept ans, je suis la plus jeune mais tous savent que mon loup est puissant.

Depuis le soir où j'ai laissé ma louve pleurer, elle n'a plus jamais quitté mon subconscient. Se manifestant de plus en plus, l'Alpha m'a aidé à l'amadouer, il m'a tout appris, me disant que nous sommes maîtres de nos bêtes intérieur.

Enfin c'est ce qu'il croit, la vérité est que nous nous sommes mise d'accord. Elle est mon égale, ma force, mon amie...

Il ne reste plus que la course à évaluer, les combats et la stratégie ont été un succès. Qui pourrait croire que ma petite taille puisse regorger d'autant de force...

Je sens le regard moqueur de Tobb, il est très doué et je dois me méfier de lui parce qu'il est assez sournois.

"Que le meilleur gagne fillette!" Me souffle t-il en tête.

Je lui souris et d'une lenteur exagérée, je soulève mon majeur, soutirant au grand brun assez sauvage un éclat de rire vigoureux.

Crétin!

L'Alpha nous interpelle par le biais de sa puissance, il me regarde un peu plus longtemps que les autres avant de lancer le départ.

Alors que les autres se mettent à courir et disparaissent dans la forêt, moi, j'analyse.

Le but est de trouver un objet et d'arriver à l'autre bout de territoire. L'objet ne doit pas provenir d'ici, il serait facile de retracer l'odeur familière dans les bois, il doit se situer dans un endroit invisible... Un endroit que l'on regarde sans voir...

- Qu'attends-tu petite? Grogne Kam. Tu as jusqu'à la tombée de la nuit. Dépêche toi!

L'Alpha s'avance pour disparaître entre les arbres à son tour. Il attendra de l'autre côté les premiers venus.

Je connais la forêt comme ma poche, la nature à sa propre odeur, il me suffit de chercher l'intrus. Je me demande si c'est l'Alpha qui a placé l'objet? Bien sûre que non, il suffirait de renifler pour se guider.

Il a dû demander à quelqu'un... Harris? Son bras droit? Trop évident. Je me souviens qu'il a discuté avec Bovel, le fils du bûcheron du village d'à côté. Son odeur était sur lui l'autre jour...

Je ferme les yeux, tente de me souvenir de la signature particulière de ce garçon, je l'ai croisé deux fois seulement mais c'est suffisant.

M'approchant du village, je reconnais les deux odeurs que je cherche. Bingo! Je ne dois pas perdre de temps, peut être que quelqu'un y a déjà pensé.

J'ai un peu de mal à suivre la senteur de l'humain, il a su ce faire discret et je me rapproche de la rivière. L'eau repend sa propre arôme et couvre souvent les autres.

C'est intelligent, je dois l'avouer. Est-ce une idée de l'Alpha ou du garçon?

Je le vois, sur une pierre en plein milieu de l'eau, un gant venant du village. C'est bien trouvé, on pourrait penser que la chose est la parce qu'on l'a égaré mais que ferai un gant si beau dans les bois? Aucune femme ne vient par ici...

- Alors fillette? Tu t'en sors?

Merde! Il faut que je me débarrasse de lui et que je prenne se fichu gant sans qu'il ne s'en aperçoive.

- Tu me suis! N'as-tu donc aucune fierté pour suivre la gamine afin de trouver des indices?

- Je ne te suis pas, je t'attends! Sourit-il en regardant derrière moi, il sait pour le gant?

- Et pour quel raison? Dis-je, jouer la stupide m'a souvent aide!

- Voyons chérie... Ne fais pas semblant de ne pas comprendre... Je te le laisse en échange de... Il pose un doigt sur son menton pour faire mine de réfléchir.

- Je peux savoir pourquoi la fillette que je suis t'intéresse autant? M'agaçais-je. Il devient lourd à vouloir me mettre dans son lit. Tu es plus vieux et tu as beaucoup de succès déjà auprès des autres...

- Jalouse? Ironise t-il.

Imbécile, je devrais ruser pour m'emparer du gant. Tobb est un géant de vingt ans, il est fort, rapide et malin.

Je pourrais sauter sur le gant et prendre mes jambes à mon cou? Je baisse la tête, cale mes jambes pour me projeter en arrière mais au premier mouvement, une main gigantesque me tire vers l'arrière pour me jeter au loin.

- Tu me prends pour un con? Tu croyais y arriver comme ça? Allé ma mignonne, donne moi ce que je veux et il est à toi!

- Tu rigole? Bordel, tu as toutes les filles de la meute à tes pieds! Pourquoi t'acharnes-tu sur moi? Me plaignais-je. Il sourit bêtement. Grrr, pourquoi ma bête ne réagit-elle pas?

- Mon loup veux ta louve et moi, je te veux...

Son loup? C'est donc pour ça que ma bête est silencieuse? Ce pourrait-il qu'elle le veuille aussi?

A ses pensées, une pression me remonte de l'estomac, elle se manifeste enfin... Traîtresse!

- Alors séduis moi dans les règles de l'art imbécile, ne joue pas la provocation! Aboyais-je. Ses yeux s'écarquillent. Je prends ma chance et me jette sur lui.

Il est grand, très grand, par je ne sais quel force, je me hisse sur lui, enveloppe son cou de mes petite jambes et m'élance en arrière pour lui faire perdre équilibre.

Ça marche, il tombe et je me précipite vers la rivière, saisis le gant sans m'arrêter mais lorsque je tente de m'éloigner, Tobb l'attrape et me jette contre un arbre!

Le temps de me ressaisir que le grand brun un peu singlé est déjà collé sur moi, bloquant mon corps contre l'écorce de l'arbre. Bordel...

Ma bête grogne cependant ma joie est de courte durée, alors que je pense qu'elle va me venir en aide, des frissons me traversent l'échine...

Oh non, ça lui plait... Traître de quel coté es-tu?

Tobb grogne à son tour, son regard doré s'illumine et il se lèche la lèvre supérieur. Lui souriant, je reste sur mon but, Je cache le gant dans ma poche.

- Accepte moi... Ne m'oblige pas à te forcer... Me provoque t-il.

Lorsqu'on est une jeune femme sans défense, devant une grosse brut, la première chose à faire contre toute sorte de mâle est de s'en prendre au précieux organe qu'ils ont entre les jambes, en garce que je suis, je lui fait une petit sourire timide et hoche la tête.

Triomphant, il grogne de satisfaction et s'abaisse pour m'embrasser, je relève la tête, sans jamais le quitter des yeux pour repérer le moment adéquat.

Lorsqu'il ferme les yeux, je concentre toutes mes forces sur mon genoux que j'élance juste là entre ses jambes.

La réaction est plus que recherché, Tobb se courbe et gronde de douleur. J'en profite pour courir aussi vite que je peux dans les bois.

Le hurlement du beau brun me fait froid dans le dos mais la victoire dissipe tout les remords.

Arrivée au bout du territoire, je suis la première, Kam me sourit fièrement, laissant un hurlement apprendre à la meute que le jeu est terminé.

Il y a un vainqueur: moi.

Tobb me rejoint assez vite, suivi des autre participants. Son visage est froissé par la colère. Il s'approche d'un pas menaçant, il n'a pas aimé ma petite ruse.

Sans réfléchir, je lui saute au cou et pose mes lèvres sur les siennes.

** 3 **

5 ans plus tard

J'ai froid, je gigote pour me blottir un peu plus dans les bras du beau brun agaçant. Quel stupide idée de passer la nuit dans les bois.

Il m'enlace et colle son corps brûlant contre le mien. Sa respiration se perd dans mon cou. Il ne dort pas, pas d'après cette chose qui me pique le dos.

L'Alpha nous a chargé de vérifier les frontières du territoire, le mois passé, nous avons eu des intrus plutôt néfastes. D'où sont inquiétude.

Il pense que les meutes ennemis préparent une attaque contre nous, envoyant des espions pour tâter le terrain.

Pourtant, ça fait deux semaines que Tobb et moi passons nos nuits dehors et rien.

Enfin, moi je vérifie, lui se contente de me sauter dessus à la première occasion. Le grand brun m'a séduit il y a deux ans, faisant de moi sa femelle attitrée. J'ai finalement trouvé que la brute a un petit cœur où me blottir.

Je ne comprends toujours pas pourquoi il insiste autant, je ne suis pas très grande et à part mes qualités pour la défense, je ne suis pas très ...séduisante.

Kam pense que puisque la bête s'est manifestée trop tôt, mon corps a plutôt laissé place à la partie animal afin de se développer laissant ma partie femme ridiculement présente.

Le beau brun gigote et ressert son emprise sur mon petit corps. Il peut être tendre des fois et cela me fait fondre comme neige au soleil.

- Baise moi... Gémit-il dans son sommeil feint... Quel Crétin!

Je tente de me relever mais Tobb me retient. Il me sourit de manière coquine sachant très bien qu'il aura gain de cause.

Nous sommes devenu tellement proche en si peu de temps tout les deux. Je me demande si cette histoire de lien à quelque chose à avoir la dedans?

Le lien existe mais il est rare. Samara, notre luna nous raconte que les deux loups possédant la même âme se reconnaissent instantanément.

La partie humaine devenue trop présente dans certain clan trop domestiqué ne laisse pas la bête se retrouver dans une autre personne. Les liens s'affaissent pour devenir imperceptible.

Les générations qui suivent, taisent leurs animaux qui se meurent lentement. C'est horrible.

- Tobb? Tu crois en ces histoires d'âme-sœur? Soufflais-je un peu honteuse.

- Oui. Avoue-t-il contre tout attente. Je me redresse pour le dévisager.

- Ah bon? Souriais-je.

- Ne te fais pas des idées ma belle, je ne suis pas ta moitié!

Aie, ça fait mal...

- Je n'ai pas dis ça, comment ce fait-il que la brute croit en ce genre de choses ? Me moquais-je.

- Parce que j'ai assisté à un accouplement d'âmes, enfin presque. et c'est.... Magnifique!

Le beau brun regarde le vide, ses yeux pétillent étrangement, il éveille ma curiosité et je me place sur lui à califourchon pour l'écouter.

- Unir deux âmes qui n'en font qu'une est la plus belle chose au monde Marisha, et en même temps, c'est une malédiction.

Cela c'est passé alors que je n'étais qu'un gamin, le frère de l'Alpha avait une femelle qu'il aimait énormément. Ils ont eux deux enfants, Ils donnaient vraiment envie à tous d'aimer et être aimé.

Mais une jour, une femme est arrivée dans la meute, elle avait demandé la permission de passer par notre territoire pour aller dans la ville voisine. Elle voulait juste le traverser.

Kam a accepté, nous étions tous présent car Rash, le cadet de l'Alpha assistait à la première manifestation du loup de son fils

La femme est arrivée, attirée selon elle par une merveilleuse odeur, l'Alpha la suivait de prêt. Lorsqu'elle a pénétré chez nous, Rash s'est figé, reniflant l'air, il venait lui aussi de sentir cet arôme que personne d'autre ne sentait.

Sous le regard de tous, elle a accouru auprès de lui, soumettant son cou au mâle dominant qu'était son compagnon. Elle ignorait tout de lui et pourtant, elle s'apprêtait à ce donner entièrement.

Nous pensions que c'est juste une folle jusqu'à ce que Rash délaisse son fils pour prendre la femelle dans ses bras, il la touchait, la reniflait, son regard s'est illuminé de désir, ses crocs sont ressortis pour la marquer...

Ils étaient comme dans une bulle rien qu'à eux, oubliant le monde extérieur...

Jusqu'à ce que Mara, arrive en compagnie de leur fille, celle-ci appela son père, je crois que c'est ça qui a brisé la magie, car ni son fils, ni l'Alpha ni même son épouse n'ont réussi à le sortir de sa transe.

Il s'éloigna à regret, prenant sa fille dans ses bras, il a chassé l'intruse, pour se tourner vers sa famille.

Il l'a rejeté.

Il n'a plus jamais été pareil. Il s'est affaibli, il est devenu indifférent envers sa femme, ses enfants et tout le reste de la meute. Fuyant honteusement ceux qu'il a pourtant choisi.

La femme s'est apparemment suicidée, car ces demi-âmes ont eu la chance de ne faire qu'une sauf qu'avec le refus elle a dû suivre sa route brisée, déchirée...

Il paraît que la douleur est invivable, insurmontable... Nous avons su qu'elle était morte car Rash la senti... Il a crié à la lune chaque soir jusqu'au jour où il s'est donné la mort...

Mara est retournée dans sa meute d'enfance, emportant avec elle ses enfants.

Tu vois, moi, je serais tout à fais capable de vivre sans toi! Me taquine t-il en souriant faussement.

- C'est affreux, cela ne me donne pas envie de rencontrer ma moitié! Affirmais-je sans tenir compte de sa remarque. Je sais qu'il ment!

- Si on veut... Je crois que lorsque je te marquerais, peut importe si ma moitié vient frapper à ma porte, je ne te quitterais jamais! Soufflait il en m'embrassant.

- Menteur! Gloussais-je.

- Non... Même si je finis par me tuer par folie, je crois que je souffrirais encore plus de ne plus t'avoir toi! Je prendrais le risque de devenir cinglé!

Ces paroles me font chaud au cœur, la brute sait comme s'y prendre Parce qu'il a eu ce qu'il voulait: que je le baise!

** 4 **

En rentrant à la meute, Kam nous dévisage lorsque nous lui disons qu'il n'y avait rien à signaler. Il a certainement du sentir l'odeur de Tobb sur moi et inversement. Tobb, en bon compagnon qu'il est, s'est éclipsé pour me laisser gérer l'Alpha toute seule.

- Tu es sûre? Risha, il faut que nous soyons prudent, une attaque en ce moment peut être très risquée.

- J'ai regardé Alpha, j'ai fais plusieurs fois le tour des frontières. Je ne suis pas aussi distraite pas Tobb que vous semblez tous le croire.

- Ne me fais pas rire! Ce type est l'incarnation de l'animal en rut par excellence! Grogne l'Alpha.

- Je sais... Je ne ferais plus de ronde avec lui si cela soulage ta conscience! Dis-je entre les dents. Je ne veux pas perdre la confiance de Kam, Il a tellement fait pour moi.

Depuis mon arrivée ici, ma tante à énormément prit soin de moi mais lorsque l'Alpha s'est intéressé à ma bête, elle m'a simplement délaissé pour suivre le cours de sa vie. Kam a prit la relève et m'a soutenu comme un père.

L'Alpha s'approche de moi, son regard se radoucit, il semble vouloir me dire quelque chose mais s'abstient. Veut-il me congédier de mon poste? oh non...

- Alpha, S'il te plaît, surveiller le territoire est ma seule occupation! Ne m'en prive pas! Me défendais-je alors qu'il n'a encore rien dit. Son manque de réaction me prouve que je suis en plein dedans.... Merde.

- Marisha, je ne vais rien faire... Cependant, tu dois être prudente. Une meute ennemie s'approche de la nôtre, ils sont dangereux. Je vais demander à ce que les rondes soient plus nombreuses. Il est hors de question qu'il arrive quoi que ce soit au mien.

- Une meute ennemie? Comment le sais-tu? Que veulent-ils? Quémandais-je intéressée.

- Nous avons trouvé un rôdeur, il nous a informé que son alpha s'est installé près d'ici, en dehors de notre territoire, il voudrait que nous arrêtions de chasser dans la parcelle qu'il s'est octroyé.

- Quel toupet! couinais-je sans vraiment comprendre pourquoi Kam à l'air si tendu.

- Il s'agit de l'Alpha Nash. As-tu entendu ce nom auparavant?

Je plisse les yeux, réfléchissant à toute allure sur ce nom. Il a été abordé une fois deux ans après mon arrivé ici. Il a un rapport avec celui qui a détruit les miens. Brash. Mais je ne me souviens plus du contexte de l'histoire.

- Qui est-ce? Demandais-je. La mâchoire de Kam se crispe.

- C'est le fils de l'Alpha qui a attaqué ton village. souffle t-il apréhendant ma réaction, mais je reste de marbre, du moins physiquement, laissant pour preuve de ma colère qu'une chaire de poule que Kam remarque évidement.

- Le premier qui ose mettre un pied dans notre territoire, je le but! Que ce soit femme ou enfant, je m'en fiche. Tu es prévenu Alpha. Grognais-je en m'aprêtant à sortir.

- Reste là! m'ordonne t-il et mon corps s'arrêt net. Ma bête me force à obéir au mâle le plus puissant.

- Je ne veux pas parler de...

- Sais-tu ce que l'Alpha Nash m'a dit lors de notre rencontre? il a parlé de reprendre ce qui lui appartient. Cela te dis quelques chose? questionne t-il et je fronce les sourcils.

- Comment le saurais-je? Me défendais-je.

- Marisha, lorsque tu es arrivée ici, j'ai emmené quelques hommes pour aller voir ton ancienne meute. Tu avais raison sur le fait qu'ils étaient tous mort mais je n'ai trouvé aucun corps... Quelqu'un les avaient tous enterré! Tu es sûre de n'avoir vu personne en y retournant, si toute fois tu y es vraiment retournée.

- Oui... enfin... Alpha, je ne sais plus, je...

Mon corps se met à trembler, un fil de sueur désagréable me recouvre le front. Je sais où Kam veut en venir, j'y ai pensé moi même pendant longtemps. Comment une fillette a pu s'en sortir alors qu'il y avait dans la meute les plus grands combattants. Même en ayant fuis, les monstres qui ont fait ça auraient facilement pu me traquer.

- Tu n'as rencontré personne qui aurait pu t'aider à fuir?

- Je ne me souviens pas Alpha. le coupais-je. Je ne veux pas poursuivre cette conversation.

Il me dévisage intensément avec une certaine touche de compassion, je ne veux pas de compassion, je baisse les yeux, ne voulant pas voir ça, je joue le jeu du "si je ne vois pas quelques chose, cela n'existe pas."

Alors non, je ne veux pas voir la pitié dans les yeux de celui qui m'a tant soutenu et aidé. L'Alpha me congédie et j'accours chez moi. Sentant le regard de mes semblables sur moi, sont-ils au courant.

Tobb est sur le divan. il me sourit chaleureusement lorsque je me blottis dans ces bras. Oubliant qu'il m'a tout de même lâché. Il me caresse le dos et dépose un baiser sur ma tête. C'est agréable. J'aime sentir son contact, ses bras, sa chaleur.

- Excuse moi d'être parti, ça a été? Kam est vraiment plus clément avec toi...

- Imbécile! Traître! Lâche... grognais-je sans vraiment lui en vouloir.

Tobb me soulève le visage pour que je lui fasse face, son regard est intense mais trop sérieux à mon goût. Il pose ses lèvres sur les miennes un instant pour un court baiser plein de tendresse. Quand il se recule, il appuie son front contre le mien.

- Marisha, je voudrais te demander quelques chose... Je veux que tu réfléchisses avant de répondre car c'est important.

- Bien sur... Soufflais-je étonné par son sérieux.

- Tu sais que je t'aime? J'ai essayé de te le montrer de mille façons! Dit-il en souriant.

- Oui, moi aussi je t'aime... répondais-je en sentant tout de même un noeud se former dans mon ventre, ma louve tente de me faire passer un message?

- Je te veux jusqu'à mon dernier souffle à mes côtés... Je veux que tu portes mes enfants... Marisha, je voudrais te marquer...

** 5 **

L'air est frais mais nous n'arrêtons pas de courir, un intrus s'est introduit chez nous. Le soleil illumine une petite partie des bois, il se lève lentement.

Quatre bêtes me poursuivent, il faut que j'arrive avant eux, s'ils me devancent, ils obéiront à l'alpha: ne tuer personne.

Je ne vais pas me gêner! Rien que de penser que la personne qui se trouve au bout du bois a peut être participé au meurtre des miens...

" Marisha, ralentie!" Hurle Kira, mais j'accélère le pas.

L'odeur est proche, je vois une immense bête grise se nourrir distraitement. Je n'hésite pas une seconde, je sais que Kam et les autres ne vont pas tarder et me retenir...

Ma bête est d'accord avec moi, un grognement déchirant me sort entre les crocs, je me jette sur ma victime.

Ne s'y attendant pas, le loup couine de douleur lorsque je lui saisis le cou et mord de toutes mes forces, je retombe à ses côtés, sa fourrure toujours dans la gueule, j'appuie sur mes pattes avant pour tirer et lui créer le plus de douleur possible.

Je veux qu'il souffre avant de mourir, je veux qu'il agonise comme j'ai longtemps agonisé en pleurant le soir car j'étais seule au monde!

La douleur physique n'égale en rien la douleur émotionnelle mais je m'en fiche, il a mal est cela me convient!

Un grognement puissant me rappelle à l'ordre et malgré moi, ma bête se soumet. Je lâche ma proie et recule.

"Change!" Grogne l'Alpha et mon corps obéit me laissant nue devant le reste de la meute qui arrive.

Tobb me rejoint et me tend un t-shirt que j'enfile rapidement, toujours tête basse, il se recule ensuite pour me laisser entre les mains furieuse de Kam.

Je pose mon regard sur la carcasse à mes pieds, ne ressentant aucune peine ni regret. Lorsque je relève la tête pour affronter l'Alpha, une gifle puissant me propulse quelques mètres en arrière.

Je ne dis rien, me relevant lentement alors que Kam approche de nouveau sous le regard ébahi des autres, je relève la tête, attendant un autre coup mais l'Alpha affiche plutôt un air ... Apeuré?

- Tu te rends compte de ce que tu as fais? Hurle t-il. Tu veux créer une guerre entre nous et une des meutes les plus dangereuse de l'état?

Tu sais qui est l'Alpha que tu viens de provoquer en abattant un des sien? Et c'était un gamin bordel!

Je détourne la tête, en effet, la pauvre bête était simplement en train de chasser, il n'a sûrement pas vu les limites. Il devait s'adapter à sa bête après les premières apparitions de celle-ci.

########### je pense que la dernière phrase devait avoir ce sens donc j'y ai changé des mots.

Et merde....

- Je ne veux plus que tu sortes dans les bois! Tobb, ramène ta femelle et garde la à l'œil!

- Non! J'affronterais ce type! Il est hors de question que ...

- Tu en as déjà assez fais Risha... Ce type, comme tu dis, a tué son propre père, le plus puissant de touts les Alphas du pays pour une simple insulte! Que crois-tu qu'il fera en apprenant qu'un de ses jeunes loups est mort?

- Je ne peux te laisser affronter ça alors que...

- Silence! Rentre maintenant.

Baisant la tête, je tourne les talons pour rentrer. Tobb me suit sans rien dire. Je suis furieuse, il ne me défend jamais...

Je dis n'importe quoi, tout ça est entièrement ma faute. J'ai tué un gamin de sang froid, je ne vaux pas mieux que ce Brash, je suis un monstre...

Tobb me retient par le bras, lorsque je m'arrête, il me sert contre lui et je me laisse aller.

Lorsqu'il m'a demandé de me marquer la semaine dernière, je lui ai ri au nez, il m'a simplement demandé d'y réfléchir.

S'il me marque, je tomberais enceinte et ne pourrais plus faire rondes, mais j'aurais enfin une famille. C'est ce qu'il m'a dit: nous aurons notre propre famille...

J'aimerai avoir des enfants a aimer mais que ce passera -t-il s'il nous arrive quelques choses? Si nos enfants se retrouvent seuls comme je l'ai été?

Tobb a énormément fait pour me séduire. Il a tout fait pour que je sois sienne et il m'aime...

Je relève la tête et me relève pour l'embrasser, ma petite brute fait le reste du chemin pour poser ses lèvres sur les miennes.

- C'est oui Tobb... Soufflais-je.

Le beau brun écarquille les yeux, ils s'illuminent sous l'effet de la surprise, il me prend de nouveau dans ses bras pour me serrer trop fort!

Répétant mes mots encore et encore, il me soulève pour tourner en rond et rire comme un enfant. "Oui! Oui! Oui" résonne dans les bois et je glousse sous l'embarras.

Lorsque mes pieds retrouvent le sol, Tobb m'embrasse passionnément en me disant qu il m'aime une dizaine de fois de suite.

- Je te rendrais heureuse! Je te protégerais contre le monde entier! Je t'aimerais jusqu'à mon dernier souffle! Je t'aime tellement Marisha!

Alors qu'il m'embrasse une dernière fois, un hurlement retenti nous séparant de stupeur.

Ce cri me donne froid dans le dos, il est puissant, il est en colère, il est monstrueux...

Des frissons me remontent l'échine alors qu'un deuxième retentis, et enfin un dernier qui me broie la poitrine.

Tobb me jette un regard inquiet, mais il reste de marbre, pourquoi suis-je la seule à ressentir autant de frissons?

- C'est le cri d'un Alpha... Dit Tobb inquiet.

- Mon Dieu il a l'air furieux! Et s'il s'en prenait à Kam?

A peine ai-je émi ma question que j'accours vers les miens. Je ne peux pas laisser Kam payer pour moi...

Tobb m'appelle pour me retenir mais je cours aussi vite que je peux, le beau brun me suit sans insister, nous devons protéger Kam, l'aider! Il est notre Alpha...

Alors que nous approchons, une sensation étrange m'envahit, une odeur agréable entoure les bois, elle n'y était pas...

Cette odeur me rappelle vaguement quelque chose, une chose belle et réconfortante, elle m'appelle à elle et pendant une seconde, j'oublie le reste.

En arrivant, je trouve Kam, les miens aussi. Certains dans leurs formes humaine d'autres en loup, ils font face à la même chose, sauf qu'au centre de leur groupe, un homme immense se tient debout à renifler les airs...

Je m'arrête net lorsque sa tête se tourne vers moi d'un geste vif. Tout les regards suivent me mettant au centre de l'attention alors que Tobb me rejoint.

L'inconnu grogne d'une manière qui me dresse les poils du corps. Son regard s'illumine étrangement.

Mon cœur bat la chamade, mon loup remue en moi, cette odeur délicieuse émane de ce type?

Une aura l'entoure, une force qui m'attire vers lui me trouble, lorsque je le regarde, je me rends compte que mon corps avance de lui même d'un pas.

Il est gigantesque, ses cheveux sont aussi sombre que les miens et des yeux d'un bleu profond à se noyer dedans prennent une couleur rouge sang qui m'assèche la gorge.

Son visage est marqué de cicatrices sur le côté gauche, une d'elle prolonge ses lèvres de façon à lui donner un sourire moqueur mais il ne sourit pas... Au contraire.

Je fais un autre pas vers lui. Attirée malgré moi. Un bras puissant m'arrête dans mon élan et j'entends Tobb m'appeler lentement.

A peine a-t-il posé sa main sur mon bras que l'étranger apparaît devant lui pour lui donner un coup si rapide et puissant que Tobb atterrit sur un arbre qui craque en deux.

Cela me ramène sur terre, que m'arrive t-il? Je suis censée ressentir de la colère, mon compagnon est blessé à cause de ce type et pourtant, je suis juste impressionnée par la force de l'inconnu qui est maintenant en face de moi à fixer mortellement Tobb qui se relève difficilement.

Personne ne bouge, tous regardent cet étranger avec une crainte démesurée et un dégoût profond sauf Kam, lui le regard avec.... Respect?

Je me ressaisis, Tobb me regard tristement, les point serrés, la mâchoire crispé, il semble comprendre ce qui ce passe... Je tente de m'approcher mais l'inconnu me retient avec un grondement qui fait trembler tout mon être.

Il me fait face, son expression est indéchiffrable, on dirait qu'il est heureux? Ma bête se débat pour prendre le relai mais je la retiens, elle n'est aucunement hostile. C'est bizarre.

L'étranger se place de façon à me barrer la chemin vers Tobb, celui-ci grogne faiblement mais mon attention est rivée sur le géant devant moi. Je relève ma tête pour le défier de m'empêcher d'aller retrouver mon compagnon alors que lui lève la main pour me toucher.

La suivant du regard, je vois sa main approcher ma joue, celle-ci picote légèrement d'appréhension, comme si j'avais hâte qu'il me touche...

Dégoûtant.

Je recule d'un pas, il ne faut pas qu'il me touche. Il faut que j'aille voir Tobb. En reculant un autre pas, un grognement sourd retentit de nouveau, mon corps frisonne, et ma bête s'exprime en moi pour m'expliquer d'un mot ce que tous apparemment savent.

" âme-sœur"

** 6 **

Un hoquet de surprise m'échappe lorsque je saisis la situation, cet homme est ma moitié? Voilà pourquoi j'ai envie de me blottir dans ses bras.

Mais qu'est ce que je raconte? Je viens juste de dire oui à Tobb. Et cet étranger...

- Alpha Nash? Intervient un homme de l'autre clan.

Nash?

Oh non! Non! Non!!! Le fils de ce monstre est mon âme? Celui qui a fait de moi une enfant seule? Je recule d'un pas et celui-ci grogne.

Malgré le déchirement intérieur qui me submerge, je recule encore. Je ne veux pas de lui! Je ne veux pas de lui...

Un gémissement retenti, il me faut qu'une seconde pour comprendre que c'est le mien. Ma bête ne veut pas que je m'éloigne... Elle me pousse à aller vers lui.

Je jette une regard vers Tobb. Il est pareil: anéanti par ce qui ce passe. Ma partie humaine l'est aussi mais ma louve ne me laisse pas ressentir du chagrin, elle veut sa moitié.

Tobb s'avance vers moi, je le supplie des yeux de me sortir de là. Ce Nash gronde pour avertissement, mais Tobb ne regarde que moi, ses lèvres bougent, il ne veut pas y croire...

- Fais un pas de plus et je t'écorche batard! Parle pour la première fois l'Alpha à mes côtés en faisant barrage avec son corps. Sa voix est tellement... Non!

- Elle est à moi! Grogne mon amant en le foudroyant du regard.

Pour réponse, Nash sort les dents et grogne une nouvelle fois en me saisissant par le bras pour coller mon corps au sien.

Un frisson de béatitude me traverse à ce contact, je ne peux nier que son toucher me fait un effet plaisant et chaleureux, il me faut toute ma volonté pour tenter de me défaire de ses bras.

- Ne me touche pas!

L'Alpha me lâche surprit par ma riposte, son regard azur sonde le mien et je me sens tout à coups comme vulnérable.

"Reprends-toi!" Hurlais-je à ma louve "il a tué notre famille! Ils sont tous mort par sa faute!"

Mon estomac se noue, ma bête souffre à cause de ce dilemme. Choisir entre son âme ou la douleur de la colère. Elle se console néanmoins avec le fait que ce soit son père et non lui le fautif, ça revient au même pour moi.

J'accours auprès de Tobb qui me prend dans ses bras sous le regard ahuri de tout le monde. Cependant, lorsqu'il pose ses yeux dans les miens, j'y décèle une grande tristesse.

Mon pauvre chéri, a-t-il peur?

Je l'enlace pour le rassurer, quand je me tourne vers les autres, tous me dévisage. Y compris Kam.

L'Alpha Nash tente de se calmer avec sa respiration, mon corps réagit d'une façon contradictoire en ce moment. Ma tête le déteste et mon âme pleure cette distance entre nous.

- Alpha Kam, vous avez provoqué les miens en abattant un des nôtres. Je réclame justice en abattant un des vôtres! Dit Nash entre les dents sans jamais me quitter de yeux. Lorsque son regard dévie au dessus de moi, je comprends qu'il pense à Tobb.

Sale fils de ... Il veut nous séparer! Il veut tuer l'homme que j'aime...

- Je te propose la fille. Me devance Kam contre toute attente. Il regarde droit devant lui alors que tous se retournent pour le dévisager.

- Non! Me coupe une fois encore Tobb en me cachant derrière lui. Alpha, elle a accepté l'accouplement! Elle veut ma marque!

- Je prendrais alors la fille... Sourit méchamment Nash avec un regard qui me glace le sang, même ma bête est effrayée.

Tobb me délaisse pour se jeter sur lui, mais à peine ai-je eu le temps de réagir que mon amant est de nouveau propulsé en arrière.

Nash se jette sur lui d'une rapidité inégalée, les crocs à l'air, il veut le tuer. Personne ne bouge, personne ne veut l'aider.

Tobb, mon amour... Il va se faire tuer!

** 7 **

Le sang jaillit, Tobb ne peut rien contre l'immense chose qui est sur lui. Paniquée, je cherche de l'aide autour de moi. Personne ne bouge.

Prise par un élan de courage mais surtout de désespoir, je me jette sur le dos de Nash pour l'arrêter.

- Lâche-le espèce de monstre!!! Hurlais-je en tirant sur son cou,

Celui-ci se redresse brutalement pour me faire tomber, avant que je ne touche le sol, il m'attrape par le cou et me colle à l'arbre le plus proche. Le choc est douloureux, mais je ne montre pas ma douleur, je continue à dévisager la mi-bête devant moi.

- Tu es à moi! Grogne t-il d'une voix animale.

Un frisson me traverse l'échine, ma louve veut se soumettre mais il est hors question que ça se produise. Je jette un œil sur le corps de Tobb, il est presque inconscient et me regarde horrifié.

Le triste réalité est affligeante, je ne peux rien pour lui, personne ne bougera le petit doigt et Nash aura de toute façon ce qu'il veut.

- C'est moi qui ai tué ce gamin! Couinais-je. Tue moi à sa place.

L'Alpha ne me quitte pas des yeux, une étrange lueur s'y installe, il observe chaque centimètre carré de mon visage avec une expression qui me mets mal à l'aise.

Abaissant sa tête lentement, il semble plus menaçant qu'autre chose et je déglutis difficilement. Lorsqu'il dévie légèrement pour me renifler les cheveux, je frissonne de plaisir et me réprimande mentalement.

- Quelqu'un doit mourir... Dit-il en inspirant bruyamment.

Mon cœur accélère, je jette un œil vers Kam et l'implore silencieusement. Pas forcément de m'aider, je voudrais juste qu'il dise quelques chose.

Mon Alpha pose une regard sur Tobb par terre, il avance d'un pas et sert les poings.

- Alpha Nash, une vie pour une vie, prenez la fille et allez vous en! Grogne -t-il. Ma poitrine se ressert douloureusement. Il m'abandonne.

- La fille est à moi de toute façon! Et ce batard l'a souillé!

- Elle ne vous suivra pas s'il meurt. Et il ne vivra pas longtemps sans elle. Il a une chance sur deux de survivre alors prenez la et quittez mon territoire!

C'est donc ça, Kam est en train de m'aider à sauver Tobb? Je regarde mon pauvre amant à terre, sa blessure à la gorge ne peut guérir s'il ne se repose pas, il me regarde tristement et tente d'articuler " non pas ça "

Quitter ma meute? Quitter ma nouvelle famille et l'homme que j'aime? Je ne peux pas faire ça, pas pour ce monstre qui me dévisage. Mais Tobb sera en vie, il poursuivra son chemin et trouvera un femelle qui me remplacera.

Nash attend une réponse apparemment car il ne me quitte pas de yeux. En jetant un dernier regard aux miens, j'hoche le tête.

- C'est d'accord. Laisse lui la vie sauve et je te suivrais de mon plein gré.

- Tu es mon âme! Siffle t-il.

- Je pourrais préférer la mort au monstre qui a tué les miens!

Nash se recule comme électrifié, il regard autour de lui, les siens, les miens, Tobb qui a perdu connaissance. Lentement, un sourire se dessine sur ces lèvres, un sourire effrayant.

- Bien! Mais tu seras mienne que tu le veuilles ou non!

D'une rapidité extrême, il me saisit le poignet pour m'attirer vers lui, de l'autre main, il me saisit le menton pour tourner ma tête sur le côté, lorsque je tente de le regarder, je n'aie que le temps de voir ses yeux s'illuminer et des crocs s'allonger avant qu'il ne les plantent sur la base de mon cou.

Je n'ai pas le temps de réagir. Une douleur aiguë suivie d'une plaisir intense se propage dans mon corps. Mes jambes me lâchent et l'Alpha me soutient sur lui. C'est comme si dix orgasmes me submergent d'un coup.

Un gémissement m'échappe malgré moi, je suis partie pour le septième ciel! Il ne me reste que très peu de libre-arbitre. Mes canines s'allongent machinalement, mes mains tâtent le grand corps. Mon âme cherche à marquer sa moitié.

J'ouvre lentement les yeux, cherchant mon âme pour la marquer en retour, cela me sert dans mon état car ma tête baissée est dirigée sur le corps inconscient de Tobb. La réalité me gifle pour me ressaisir et je suis on ne peut plus reconnaissante. Mes instincts allaient me pousser à marquer ce monstre défiguré!

Je me débats et le repousse, contre toute attente, il me lâche et je perds l'équilibre pour me retrouver au cotés de l'amour de ma vie.

Je suis furieuse, comment a-t-il osé me marquer contre mon gré? Tobb m'a attendu pendant presque trois ans! Je voulais que Tobb soit mon compagnon! Je voulais qu'il soit le père de mes enfants... Je sanglote silencieusement en caressant la main de celui que j'aime.

Nash grogne mais ne m'en empêche pas. Au contraire, il recule pour rejoindre les siens qui le félicite.

- Pardonne moi... Reniflais-je. Je suis tellement désolée... Je t'aimerais jusqu'à mon dernier souffle Tobb...

Lorsque je suis sur pied, je lance un regard noir à Kam. Il m'a tourné le dos. Il m'a abandonné sans aucun remord...

Je rejoins Nash qui me tend la main. Ma bête est on ne peut plus satisfaite mais moi, je ne pense qu'à lui sauter à la gorge pour lui arracher la tête. Je jette un dernier regard sur le corps inconscient puis sur les miens qui me regardent d'un air désolé et pour finir sur Kam.

- C'est pour le mieux Marisha. Prends soin de toi...

- Va te faire foutre! Grognais-je en tournant les talons.

Je rejoins Nash qui me tend la main alors que mon ancienne meute grogne pour mon manque de respect. Nash sourit, satisfait.

Il croit que m'avoir marquée contre mon gré était une bonne idée mais il ne se doute pas une seconde que je me battrais jusqu'à mon dernier souffle pour le rejeter.

Jamais, je ne le marquerais en retour pour prendre le risque de porter ses enfants. Tant pis si ma bête en souffre. Ma vengeance sera la souffrance du dernier descendant de l'Alpha Brash.

** 8 **

Ce village est étrange. Comment ont-ils fait pour l'arranger aussi vite? Ils sont pourtant moins nombreux que... Mon ancienne meute.

A peine étions nous arrivés que Nash à grogné d'une force qui a fait vibrer tout mon être. Les émotions qui m'envahissent en sa présence vont me rendre la tâche bien difficile.

Il y a eu un rassemblement pendant lequel l'Alpha m'a présenté comme son âme-sœur. Ils sont tous en train de faire la fête, il y a l'ambiance, les chants, la nourriture et moi au centre d'attention.

Nash a disparu, me laissant avec quelques femelles venues voir la nouvelle Luna de la meute. J'ai beau essayé de les faire fuir, ma louve ressent une certaine fierté d'être là.

Lorsque des enfants viennent à moi, je souris pour la première fois. Ils me regardent en riant, courent autour de moi en chantant à quel point je suis belle. Cela me fait rougir et ma bête se flatte. Elle me pousse à chercher sa moitié mais je refuse de lui donner cette satisfaction, elle ne m'aide pas beaucoup à le détesté la traîtresse.

Une vieille dame s'approche lentement, on voit bien que la vie ne lui a pas sourit mais ses yeux détiennent une force intérieur sans limites.

Devant moi, elle lève sa main pour me caresser la joue et souris fièrement. Descendant lentement jusqu'à la morsure de se batard. Je recule pour l'empêcher de toucher à la marque, je ne sais même pas pourquoi. On dirait que les instincts prennent le dessus.

Et merde.

- Bienvenue dans la famille mon enfant. Je suis Bokka, la grand mère de Nash et la tienne aussi maintenant.

- Je ne crois pas non... Ma grand mère est morte, ainsi que tout les autres par les mains de Brash! Grognais-je. Lorsqu'elle sourit de plus belle, je suis déstabilisée.

- Mais tu es en vie grâce à son fils non? souffle t-elle. Je suis sous le choc. Elle ment, je n'ai rencontré personne! Je ne me souviens plus... Ai-je rencontré quelque'un? Je ne me souviens que de la foret...

- C'est impossible! J'étais seule! Me défendais-je.

- Ah oui? Et comment expliques-tu t'être retrouvée toute seule dans les bois? Durant des jours et des nuits sans jamais avoir rencontré le moindre obstacle, aucune menaces?

Je tente de répliquer mais un bras me tire en arrière. Mon corps se réchauffe instantanément, des frissons me parcours le dos collé à lui. Mais je tente de rester de marbre. Du moins physiquement. Nash grogne sur la vieille dame, quel culot!

- Bokka, je te conseille de garder ta langue dans ta poche! dit-il entre les dents.

- Pas avec moi Nash! Tu devrais lui dire la vérité si tu la veux à tes côtés! La forcer ne te servira à rien...

Après m'avoir souris une dernière fois, elle s'en va se joindre aux festivités. Nash me tire le bras pour m'emmener avec lui dans une maisonnette plus reculée et aussi plus grande que les autres.

Une fois à l'intérieur, il me traine dans ce qui semble être sa chambre et ferme la porte à clefs. Ma bête se remue au point que ça en devient gênant, j'ai envie de me gifler pour la calmer mais j'ai plus important à faire.

- Qu'est-ce qu'elle raconte?! M'emportais-je.

- Va te laver! Tu pues ce type! Grogne t-il en retirant le t-shirt qu'il a enfilé.

Et merde... Son corps est impeccable, malgré ces cicatrices étrangement encore visible, il est magnifique. C'est un Alpha qui a dû les lui faire... Marisha reprend toi!

- Qu'est-ce que tu fais?! Quémandais-je en reculant.

- Je veux te baiser! Dit-il simplement. Mon bas-ventre se crispe d'envie. Tu es as moi, je t'ai marquée et tu dois le faire aussi! Finit-il en me faisant face.

- Ça va pas non! Réponds plutôt à mes questions! Étais-tu présent ce soir là? Nash grogne et s'approche dangereusement. Me poussant jusqu'au mur dernière moi.

- Et si c'était le cas? Que ferais-tu? Me provoque t-il en courbant son dos pour rapprocher son visage du miens.

- Je... Je ferais en sorte de faire de ta vie un enfer... Soufflais-je perdue.

- Et pourquoi? Je t'ai sauvé la vie! J'ai fais appel à ta bête pour sauver ta peau! Grogne t-il en frappant sur le mur pour y laisser un trou.

- Je ne t'ai rien demandé! Crachais-je et Nash grogne d'exaspération.

- Tu es ma moitié! Hurle t-il. Il voulait se débarrasser de toi pour me punir!!! Je ne laisserais personne me séparer de toi...

Nash me saisit la nuque pour coller ces lèvres sur les miennes. Même brutal, ce baiser réveille en moi un braisière de plaisir. Il me faut toute ma volonté pour ne pas céder alors je pense à mes parents, je pense à Tobb, je pense à tous ce que j'ai perdu...

Il me faut un moment pour repousser le géant qui me dévore les lèvres avec une si grande passion.

- Tu n'as pas le droit de me rejeter pour les fautes que je n'ai pas commises! Hurle t-il.

- Va te faire foutre! Je ne veux pas de toi! Criais-je, mon cœur me fait mal, ma louve n'aime pas la douleur que j'inflige à sa moitié, mais je poursuis.

Tu crois qu'en étant l'autre moitié de mon âme, cela te garantis quoi que ce soit? C'est ça en fait?

Avec la tête monstrueuse que tu as, aucune femelle ne veut de toi! C'est pour ça que tu crois que c'est dans la poche avec moi!

Tu crois que parce que je suis ta moitié, tes petites imperfections physiques ne me gêneront pas? Tu...

- La ferme! Grogne t-il, il est furieux, sa poitrine bouge au rythme de sa respiration devenue difficile par sa colère. Il se passe quelques doigts tremblant sur la cicatrice de sa joue conscient que les premières choses visibles sont ces marques.

Nash me prend la main et sort de je ne sais ou une corde qu'il m'enroule autour de chaque main, me tirant jusqu'à la porte de ce qui semble être la salle de bain, il m'attache fortement de façon à ce que je ne puisse pas bouger.

Il recule pour vérifier et semble satisfait. Qu'est-ce qu'il fait? Il passe sa main sur mon visage, laissant une traînée de chaleur exquis, descend vers ma poitrine qu'il malaxe lentement. Je sers les dents pour ne pas gémir.

- Tu la ferme! Ordonne t-il lorsque j'ouvre la bouche. Il prend ... Du ruban adhésif? Qu'il me place sur la bouche. Et merde.

Sans me quitter des yeux, il appelle quelqu'un, grognant juste son prénom "Talis", puis une belle rousse entre en souriant de toutes ses dents. Elle me jette un regard de dégoût avant de porter son attention sur Nash, remuant des hanches pour l'approcher. Pétasse!

- Tu as besoin de moi Alpha? Susurre t-elle en lui touchant le bras. Nash ne me voit plus, il l'a dévore des yeux. Crétin!

- Suce moi. Dit-il en ouvrant son jeans.

- Avec plaisir...

La rousse s'agenouille devant ce bâtard pour commencer le travail. Nash me regarde enfin alors que Talis bouge sa tête d'avant en arrière. Bordel de merde, il ose faire ça devant moi?

Nash me sourit pour me provoquer, ça marche parce que je grogne et tente de me détacher. Je vais la tuer, et lui après elle! Ma poitrine me fait mal, mon cœur bat trop vite, j'en ai des difficultés à respirer.

Voilà ce qui se passe quand deux moitié ne sont pas unie? La douleur... Ca fait tellement mal bon sang. Alors je pleure...

Je pleure car la journée a été horrible, Tobb a failli se faire tuer, nous allions nous marquer et être heureux... Kam m'a tourné le dos sans scrupules, je ne suis pas vraiment des siens après tout, je ne l'ai jamais été...

Et pour finir, ma moitié, mon âme-sœur se fait sucer devant moi par une femme magnifique! C'est vrai que je l'ai bien cherché mais... Ça fait mal!

Nash aperçoit mes larmes inonder mon visage. L'expression de son visage horrifié me remonte un peu le morale. Il repousse la belle rousse et lui demande de partir. Elle grogne vexée mais Nash vient me libérer sans se soucier d'elle.

Lorsque il m'arrache le ruban adhésif et libère mes mains, je m'effondre sur lui. La chaleur de son corps me fait un bien fou, comme si une dose d'endorphine de propageait en moi, lorsqu'il me dépose sur le lit, j'en ai des regrets presque....

Je dis bien presque parce que mes yeux descendent sur son sexe encore à l'air. Ce truc va me déchirer en deux bordel!

Nash me couche en souriant timidement, la douleur dans son regard n'a cependant pas disparu.

- Pardonne moi... Dit-il hésitant en se rhabillant enfin. Je voulais te montrer que je ne t'ai pas choisi par dépit... Souffle -t-il en me caressant la joue. Je recule malgré tout. Profitant de la douleur encore présente pour le repousser. Je ne vais pas céder au premier jours!

- Je me fiche de qui tu baises, ne m'attache plus jamais t'entends? Crachais-je sans le regarder.

- Tu t'obstines à me rejeter? Dit-il entre les dents. La colère est bien visible.

Nash me saisit le menton et m'oblige à me coucher, il s'allonge à moitié sur mon corps pour me maintenir coucher car je gigote pour me libérer. Il passe sa main sur mes seins qu'il pétrit violemment sans jamais me quitter des yeux.

- Tu as beau te forcer pour rester loin de moi, je m'en fiche parce que ça. Souffle -t-il en me pinçant le tétons à travers le t-shirt de Tobb. ça, c'est à moi. Et... Ça... Poursuit-il en descendant sa main entre mes cuisses. ça, que tu le veuille ou non, c'est à moi aussi, et peut importe le nombre de fois que tu refuseras d'écarter les jambes, là, ça sera toujours humide et près pour moi!

- Va te faire foutre! Aboyais-je et cela le fait rire.

- C'est toi que je vais foutre princesse, je vais te baiser autant de fois que cela me plait parce que tu es a moi! Et lorsque tu m'auras marqué... Dit-il en plaçant sa main sur mon ventre. C'est mes petits que tu porteras là... Le reste, je m'en fiche! Tu es tout ce qu'il me faut! Ton corps et ta marque! Les sentiments, je n'en n'ai pas besoin...

Nash se relève brutalement, il me foudroie du regard avant d'aller à la porte pour sortir.

- Tu peux aller ou bon te semble sur le territoire mais si j'apprends que tu es retourné là-bas, je les tuerais tous! Ton copain en dernier, afin qu'il voit que tous ça est de ta faute! Peut importe ou tu iras, je te retrouverais...

Il claque la porte en s'en allant, même la porte de sortie se fait entendre jusqu'à faire vibrer les murs lorsqu'il la claque.

Mon dieu, que vais-je faire...

** 9 **

Cela fait un quart de lune que je suis ici. Les femelles sont distantes, les mâles respectueux, sans doute à cause de la marque que je porte. Je suis officiellement à Nash et je porte son odeur.

Lui par contre est libre comme l'air. Tant que je ne le marque pas, les femelles lui courront après. Cette idée n'enchante pas me bête mais je m'en fiche, elle m'a beaucoup déçue aussi.

Étrangement, j'ai le droit d'aller courir dans la forêt. J'ai tellement envie de retourner voir Tobb. Mais si je le fais et que Nash l'apprend, il s'y rendra pour mettre sa menace à exécution.

J'ai également remarqué que l'Alpha est très respecté ici, ils hochent tous la tête avec respect lors de ses passages. Ils vont tous se confier à lui en cas de soucis aussi.

Moi, je me sens si seule ici, Nash m'évite et s'occupe de sa meute, il rentre tard et dors sur le divan. M'ignorant complètement. Je voulais lui rendre la vie difficile mais ça devient impossible.

- Bonjour Luna. Dit une fillette de peut-être sept ou dix ans.

- Bonjour toi! Que fais-tu ici toute seule? Demandais je en l'invitant à s'asseoir.

- Ne te fâche pas mais je t'ai suivie. Admet-elle en baissant les yeux.

- Et pourquoi? Souriais-je.

- Parce que tu as l'air triste Luna. Tu es triste à cause d'Alpha? Il est méchant avec toi?

Je jette un œil autour de moi, cette gamine est vraiment venue toute seule? En reposant mes yeux sur elle, je vois qu'elle attend une réponse. Dois-je mentir? Évidemment... Ce n'est qu'une enfant.

- L'Alpha est... En fait, je suis triste d'être loin des miens ma belle. C'est tout.

Elle me dévisage incrédule, elle ne semble pas me croire. Je lui souris tendrement pour accentuer mes dires et elle hoche enfin la tête.

- Allons-y, ta maman doit s'inquiéter pour toi.

Nous rentrons en jouant, rions comme, non pas une mais deux gamines. Ça fait du bien de rire. Mais le bonheur disparaît lorsqu'en rentrant, une femme ronde accourt jusqu'à nous d'un air menaçant. Je cache la petite derrière moi par instinct de protection et grogne. La femme se fige.

- Maman... J'ai suivi Luna dans les bois... Couine la petite.

- Tu aurais dû me prévenir Trish! J'ai eu peur... Vous a-t-elle dérangée Luna?

- Bien sûr que non...

Elle prend sa fille et s'en va en lui faisant la morale. La petite se retourne pour me sourire, c'est comme une promesse silencieusement pour un prochain rendez-vous.

Je décide de rentrer mais me ravise en voyants la belle rousse sortir de chez Nash, elle me sourit en passant son chemin.

Relevant la tête, je rentre tout de même, il faut que je me cache pour que personne ne me vois souffrir.

Parce que oui, je souffre. Parce que ma bête se déchaine en moi pour sortir et tuer cette femme. Parce que mon âme brûle pour sa moitié, Parce que je souffre plus que lui dans tout ça.

Je ferme la porte en entrant et tombe sur Nash qui reboutonne son pantalon, il s'arrête en me voyant entrer, attendant certainement une réaction de possessivité en tant que moitié.

J'inspire pour m'encourager et prélever toutes les forces qu'il me restent pour lui sourire. Ma louve m'aide pour une fois, elle doit se sentir trahit. Je suis censée le faire souffrir lui! Pour l'instant, je suis la seule à en pâtir.

- La baise a été bonne? Le provoquais-je. Il fronce les sourcils.

- Je dois bien me vider les couilles! Et paf, dans les dents. Je relève le menton.

- Et bien continue comme ça! J'en fais autant dans les bois, mes doigts me suffisent... Tentai-je mais ce sale chien sourit. De toute façon je crois que peu d'hommes pourront être à la hauteur de Tobb. Surenchérirais -je.

Son sourire disparaît pour devenir une grimace furieuse. Ma louve est satisfaite, je la sens ronronner de plaisir. Nash s'approche dangereusement pour me faire face, mon cœur va faire un arrêt!

- Tu semble sûre de toi... Grogne t-il. Ne me provoque pas fillette, je t'ai laissé assez de liberté pour que tu t'adaptes mais je pourrais aussi passer aux choses sérieuses.

- Je te défis d'essayer, jamais je ne te marquerais.

Nash grogne et me saisit le bras pour m'entraîner dans la chambre. Il me jette sur le lit avec une force peu contrôlée. Lorsque je tente de me relever, il m'attache les mains derrière le dos.

- Détache moi! Hurlais-je mais Nash ne se contente que de me déshabiller en arrachant mon seul vêtement; ma robe.

- Sais-tu à quel point il est difficile de résister à sa moitié? Dire que je voulais te laisser le temps... Pas besoin de temps si ton corps réagit au mien de toute façon...

- Ne me touche pas fils de...

- Peu importe combien j'essaye d'être bon pour toi, tu t'obstineras à me rejeter... Alors autant me servir.

- C'est ça que tu veux? Me violer? Bien évidemment, ton père était un monstre pourquoi serais-tu différent? Je le blesse autant que je le peux, il ne me reste que ça parce qu'il est évidemment plus fort.

- Je ne te viole pas voyons... Dit-il en me pénétrant d'un doigt. Ton corps est déjà tout prêt pour le mien... Termine -t-il en sortant son doigt humide qu'il lèche pour me provoquer.

C'est vrai, mon corps a envie de lui. Il est fait sur mesure si je puis dire pour satisfaire Nash. Je le regarde observer mes seins avec gourmandise, il se lèche la lèvre supérieure en passant deux doigts sur mes tétons. Le contact fait monter en moi une chaleur exquise.

- Je ne t'aimerai jamais... Soufflais-je. Nash me regarde enfin, une étincelle de tristesse traverse ses prunelles azur et cela ne m'enchante pas comme j'aurais aimé.

Nash se déshabille pour se placer au dessus de mon corps, il me caresse lentement d'abord, le passage de ses mains laisse une traînée de picotements agréable. Serrant les dents, je le défie du regard en évitant de montrer quoi que ce soit.

Lorsqu'il s'abaisse pour poser ses lèvres sur ma joue, je suis déçue malgré moi de ne pas avoir senti ses lèvres sur les miennes mais tente de paraître stoïque malgré les battements trop pressés de mon cœur.

Il descend sur sa marque et je ferme les yeux et sert encore plus les dents pour n'émettre aucun son. Lorsque sa langue passe dessus, un courant électrique d'une puissance phénoménale se propage dans mon corps pour se concentrer juste là, entre mes cuisses. S'il insiste, je pourrais jouir et il le sait.

Dieu que c'est bon, il fait des cercles avec sa langue et mordille tout autour de la marque, je tente de fermer les jambes mais il m'en empêche. Ma bête est au septième ciel, savourant le contact de sa moitié, elle ronronne de plaisir et cela fait sourire Nash.

- A- arrêt ... Le suppliais-je et ma voix est si pathétique que j'en ai honte.

Nash se mets à sucer en plein milieu de ma peau sensibilisée par la marque que j'arque mon corps à défaut de serrer les cuisses. Je jouis contre mon gré et grogne en tentant de défaire les liens de mes mains sous le regard amusé de ce sale chien.

Je n'ai pas le temps de redescendre sur terre que Nash s'en prend à mes seins, il les malaxe doucement et suçote tout en me caressant plus bas.

Me débattant faiblement, je ne peux m'empêcher de gémir sous ses caresses. Nash est si doux que s'en es troublant. Mon corps réagit à chacun de ses gestes, j'en oublie de riposter.

- C'est ça ma chérie, laisse toi aller. Souffle -t-il en prenant place sur moi. Je vais y aller doucement...

- Vas te faire foutre... Gémissais-je.

Nash souffle d'agacement alors que sa tête de blottit dans mon cou, il doit courber son dos pour pouvoir y accéder, il me donne quelques baisers alors que ses mains se promènent sur mes reins.

D'un coup, il me soulève et me redresse. Je couine de surprise surtout que je ne peux me retenir avec mes main liées. Je le regarde pour le questionner silencieusement, l'expression du regard de Nash est trop intense, il me regarde trop sérieux, les yeux plein de désirs. Il s'approche pour m'embrasser et il me faut toute ma volonté pour détourner la tête au dernier moment, sentant ma Louve gronder en moi par désespoir, Nash me prend par la nuque et force tout de même ses lèvres sur les miennes.

Je gémis et savoure timidement ce baiser étrangement doux, je n'ai pas assez de force pour continuer à me refuser. Il semble lui même surpris que je réponde à ces lippes chaude.

Nash me soulève un peu, sans briser notre contact, il me place sur son sexe bandant pour me faire glisser lentement. C'est douloureux au premier coup, sa chose est immense. Je crie et relève la tête alors que Nash me remonte pour m'abaisser plus fort et entrer encore plus en moi.

J'hurle de plaisir cette fois, tentant de me défaire de ses liens, Nash me caresse tendrement le dos pour me calmer, il gémit timidement en me rapprochant de lui.

- C'est ça ma belle, pend tout de moi... Gémit-il en me remuant les hanches.

Je me contracte pour prolonger le plaisir, l'invitant à se mouvoir. Sa respiration est forte et difficile, il me soulève encore une fois pour entrer complètement. Je ne crie pas cette fois mais grogne de plaisir, ma bête se fait entendre pour le plus grand plaisir de Nash qui me repose sur le lit sans se retirer, il attend que je m'adapte à lui.

Lorsque j'ose jeter un œil sur le géant sur moi, j'hoquette en apercevant son petit sourire moqueur. L'enfoiré! Mon ego me pousse à le provoquer mais ma louve ne veux que le supplier de continuer.

- Marque moi! Souffle Nash sans me quitter des yeux.

- Non... Jamais! Couinais-je par orgueil.

Lorsqu'il commence à se mouvoir, je suis au anges, il commence lentement puis accélère d'un coup pour ralentir et recommencer ainsi encore et encore. Il ne me faut pas longtemps pour jouir à cette allure alors que Nash s'immobilise pour savourer mes contractions involontaire jusqu'à ce que je me reprenne pour recommencer encore et encore.

Au bout de la deuxième fois, je n'en peux plus. Mon corps est en sueur, mes jambes en coton, je gigote pour qu'il arrête mais Nash ne veux pas bouger.

- Marque moi... Gémit-il. Tu es a moi Marisha, Tu es ma moitié... Mon âme-sœur! Marque moi....

J'ose lui jeter un œil, je dois refuser mais je ne sais plus pourquoi. Nash me regarde d'un air désespéré remuant lentement en moi. Il est ma moitié, il est normal que je le marque.

J'ouvre la bouche, mes canines s'allongent doucement, je dois le marquer. Nash sourit, satisfait, il abaisse sa tête pour me faciliter la tâche, je renifle son odeur exquise, sentant l'orgasme monter, la base du cou sans divinement bon...

** 10 **

Son odeur est tout à coup appétissante, je lèche la base de son cou et gémit alors que Nash accélère en grognant, il passe sa main derrière mon dos et me détache rapidement. Je l'enlace et rapproche nos corps encore plus. Mes crocs caressent sa peau, Cette envie irrésistible de planter mes crocs et enfin réunir nos âmes. Nash m'encourage à continuer mais une chose étrangement familière me revient en tête.

Je connais cette odeur? Elle me rappelle vaguement un apaisement de mes craintes d'autres fois, c'est comme si cette odeur m'avait un jour aidé, comme si elle avait fait partie de moi. Elle me rappelle...

Ma chambre enfant?

Comment est-ce possible?

Je repousse le géant de toutes mes forces. Ne s'y attendant pas Nash se redresse poussé par mes mains. Il me dévisage sans comprendre, arborant un air légèrement agacé.

Un brouillard flou se dissipe de mes pensées, je me souviens de ma chambre, ces hurlements horribles qui m'ont réveillé, je me suis blottie dans mon lit, la peur me paralysait...

J'appelais maman et papa pour m'aider, pour me rassurer mais un grand homme au yeux merveilleusement bleu est entré. C'est lui! C'est Nash sans toutes ces marques sur le visage! Il est aussi plus jeune mais pas moins éffrayant.

- Tu étais là! Grognais-je. La grand homme écarquille les yeux.

- Je t'ai aidé... Souffle-t-il.

Ces mots, ce sont ceux qu'il a dit alors que je prenais peur d'avoir cet étranger à l'odeur différente dans ma chambre. Il s'est approché lentement, son regard s'est illuminé, et il a dit ces mots " je viens t'aider..."

Je force mes souvenirs pour les détailler. Il s'est assit sur mon lit, il m'a reniflé, il m'a caresse la bras puis le visage.

" Tu es mienne..."

Ces paroles m'ont étrangement calmées. Je ne pensais plus aux cris, ni à mes parents dans l'autre pièce. Les a-t-il tué? Mais bien sur, il les a tué et est venu pour moi!

Mais lorsqu'il a senti que j'étais son âme, il a préféré me laisser partir! Je ne me souviens pas de comment je me suis retrouvée dans les bois, juste qu'en revenant, ils étaient tous mort...

- Espèce de monstre! Tu les as tué? Tu étais là avec ton père pour tous nous anéantir?! Et tu oses me demander de te marquer? Hurlais-je en sanglotant.

Nash tente de me prendre dans ses bras mais une force animée par une rage sans limite m'envahit , mes griffes sortent pour s'enfoncer sur sa poitrine alors que je le repousse.

Je lacère son torse, ses bras, atteint même son visage après m'être jeté sur lui. Il ne se défend pas au début me laissant me défouler. Il guérit à vue d'œil, c'est un Alpha après tout, fatiguée, je m'effondre en larmes.

Ce n'est pas juste... Ma moitié a tué les miens... Comment pourrais-je m'accoupler avec un monstre pareil.

- Je n'y suis pour rien... Dit-il au bout d'un moment. Je n'ai rien fait.

- Menteur... Je te déteste! Je préfère mourir que de m'unir à toi.

- Je t'ai aidé! Grogne -t-il en se levant, le sang a séché sur lui, les blessures guéries.

Nash tente de m'approcher mais je recule pour aller m'enfermer dans la salle de bain. Un hurlement me fait sursauter suivis d'une porte qui claque, il est parti.

Sous l'eau chaude, je tente de laver son odeur, regrettant d'avoir été touchée par lui. J'ai perdu l'esprit! Comment ai-je pu aimer ses mains sur moi...

Je repense à ce soir là, ma famille, mes amis. Comment se fait-il qu'on est rien entendu avant l'attaque? Je repense à Nash, quand il est entré dans ma chambre mais rien après ça.

En sortant de la douche, je prends un t-shirt à enfiler, je n'en aurais pas vraiment besoin mais au cas où. Je compte laisser ma bête se lâcher et oublier tout ça...

Je tends l'oreille pour savoir si ce batard est dans les parages ou pas. Cherchant sa voix à proximité, sinon tant pis, il me verra sortir et alors?

Je sors hâtivement pour presque courir jusqu'au bois, apercevant ce monstre avec l'Aïeul. Ma louve ne met pas longtemps à sortir, en colère et déçue également, je m'enfonce dans la densité de la forêt, voulant fuir au plus vite de ce cauchemars.

Il me semble entendre Nash gronder sa colère mais je m'en fiche. Peu importe ce qui ce passe, je dois fuir au plus loin.

"Il est notre moitié..." me rappelle ma louve dans le fin fond de mon subconscient.

"Il est le meurtrier de notre meute!"

Le silence inonde mon esprit, je n'entends que ma respiration erratique accompagnée de mon rythme cardiaque. J'ai couru jusqu'aux frontières, je suis si loin de Tobb ici, j'ai dû m'éloigner pour ne pas courir dans ses bras.

Il ne voudra pas de moi de toute façon maintenant que je suis marquée, et je ne peux pas risquer de le mettre en danger. Nash n'hésitera pas une seconde à mettre fin à ces jours.

Je ne sais pas combien de temps je suis restée ici mais la nuit est tombée depuis longtemps et je marche lentement pour retarder au plus le moment ou je serais obligée de le revoir. Je l'entends hurler à la lune au loin mais je m'en fiche, je n'ai pas besoin de lui répondre.

Alors que je m'arrête pour boire un peu, je décide de reprendre ma forme humain. Je n'ai pas vraiment confiance en ma bête, elle se jetterais sur Nash sans hésiter, tant qu'elle est avec sa moitié, le reste compte peu.

Le t-shirt enfilé, mon retour se fait encore plus lentement. Dans les buissons un peu plus loin, j'entends quelque chose de pas claire. Grognant pour chasser ce qui s'y trouve, je suis surprise de voir cette vieille femme à la langue trop pendue.

- Te voilà enfin! Sais-tu que mon garçon te cherche partout? dit-elle en venant devant moi.

- Je m'en fiche. J'ai pris une décision...

- Oh non ma belle... tu ne peux prendre de décision sans avoir tout les éléments en main! Me coupe t-elle.

Je la dévisage un instant, de quoi parle t-elle? Elle dit n'importe quoi juste pour aider son petit fils à garder son âme-soeur. Elle se fiche complètement de tout le sang qu'il a sur les main. Soufflant bruyament, je passe mon chemin. Je ne veux pas écouter ces mensonges ou son apitoiement.

- Il a tué son propre père pour toi... Dit-elle sans quitter sa place.

- Il ne l'a pas fait pour moi! Me défendais-je.

- Bien sur que si mon enfant, Brash est venu détruire ta meute pour te tuer toi! Les autres n'étaient que des obstacles. C'est toi qu'il cherchait... Et Nash t'as trouvé en premier...

** 11 **

En me retournant pour questionner la vieille dame, elle avait disparu. Comme une femme aussi âgée peut-elle se déplacer aussi vite?

Je n'ai pas eu le temps de lui dire que je ne veux pas de lui. Peu importe si ma louve se meurt lentement, je rejoindrais les miens. Et j'aurais la satisfaction que les meurtriers de ma familles souffriront.

Je continue mon chemin avec mille questions en tête. Brash est venu pour moi? Ce n'est pas possible. Pourquoi l'Alpha le plus dérangé du pays voudrait-il s'en prendre à une gamine dans une meute relativement paisible?

Nash est entré dans ma chambre et mes parents n'ont donné aucun signe de vie. Ils se seraient battus corps et âme pour leur enfant unique. J'arrive au village, tous semble occupé à leur petit vie. Je n'ai pas vraiment envie de rentrer mais j'ai vraiment sommeil. J'espère que ce monstre aura la courtoisie de ne pas venir dans la chambre.

Soulagée de trouver la maison vide, je prends une douche et pars me coucher. Il faut que je mette tout ça au clair. J'ai tellement envie de partir d'ici, me faire oublier et recommencer une nouvelle vie.

Ma poitrine devient douloureuse, ma bête n'est pas d'accord, elle en mourrait si je venais à fuir ma moitié.

Mais comment vivre et aimer la personne qui a probablement aidé à l'extermination de tout les miens?

Je me suis assoupie en pleurant, cela ne m'est pas arrivée depuis longtemps. Je sens des bras m'enlacer, ils sont grands et chaud. C'est tellement confortable, j'aimerais que ce moment dure à jamais...

"Ne me quitte pas..."

La voix de Nash? C'est lui qui me tient dans ces bras. Qui d'autre? Je ne sais pas à quoi je pensais, je me sens si bien que plus rien ne compte. Devrais-je lui montrer que je suis debout? Devrais-je lui demander de partir? Ma louve est contre cette idée et j'avoue que je me sens si bien que je m'assoupis sans bouger.

Au petit matin, je suis seule au lit. Une désagréable sensation de solitude me sert le coeur. Ai-je rêvée la nuit dernière? Ou est passé Nash? J'avais tellement de choses à lui demander. J'aimerais avoir des réponses, Nash m'a demandé de ne pas le condamner pour des choses qu'il n'a pas fait, je n'ai pas voulu l'écouter. Peut-être m'a-t-il vraiment aidé ce soir là.

Bon sang, je passe ma journée à cogiter, je sors un peu pour aller chasser, manger me fera du bien et me retrouver avec le reste de la meute ne m'enchante pas. Surtout s'il se doute des tensions qu'il a entre l'Alpha et sa moitié.

Le ventre plein, enfin si on veut, je n'ai réussi à attraper que deux lapins. Je rentre pour être accueilli par Trish. Elle accourt pour me prendre par la main, une cérémonie d'accouplement a lieu et je n'étais pas au courant. Il faut dire aussi que je n'ai pas vraiment demandé à m'intégrer ici et leurs coutumes sont assez différentes des nôtres. Chez nous, l'accouplement se fait en privé.

J'aperçois Nash entre deux mâles, il me jette un œil mais retourne vite à sa conversation. Ma louve gémit pour ce peu d'intérêt et j'ai de nouveau envie de me gifler par ego.

Traîtresse sentimentale!

Bokka se place à mes côtés et garde le silence, elle regarde son petit fils avec une certaine tristesse. Ce n'est pas lui qui est à plaindre mais moi! Il est normal qu'elle préfère plaindre ce qui est "à elle" plutôt qu'une étrangère comme moi. Kam a fait la même chose. Il m'a "donné" à Nash pour sauver Tobb, un des siens de pure souche et non retrouvé par hasard dans les bois.

C'est comme ça qu'est la vie, étant seule, je passe en second plan.

"pas pour ta moitié" me souffle ma bête.

Ma moitié qui est fautive de toute cette solitude... Enfin je crois. Serais-je en train d'en douter? Je le regarde un instant, il est plus grand que le reste des mâles, il est aussi plus abîmé, il semble savoir ce qu'il fait car tous sont suspendus à ses lèvres.

- La future Luna doit être au côté de l'Alpha pour la cérémonie. Du moins si tu compte un jours être ici chez toi! Me dit la vieille femme avant de partir auprès de Nash.

Celui-ci me lance un regard inquiet avant de porter son attention sur sa grand-mère. Trish reviens à mes côtés pour me dire que ça va commencer, elle semble si excitée, ce genre de choses ne sont pourtant pas pour les enfants?

- Luna, tu vas voir comme c'est beau...

- Tu vas regarder?

- Oui, Alpha veut qu'on soit tous heureux ce soir, il dit que deux personnes qui s'unissent pour la vie est une chose merveilleuse!

Je tente de lui sourire avant qu'elle ne parte prendre place, des tam-tams retentissent et deux femelles commencent a chanter dans une langue que je ne reconnais pas, elle doit être très vieille. Nash se retrouve tout seul et je sens quelques regards sur moi, Bokka surtout que malgré son sourire, me transmet un message claire: ou tu reste et tu viens ou tu bouge tes fesses de là.

Inspirant profondément, je m'avance jusque Nash qui reste droit comme un piquet, il regarde les siens avec toute la grandeur dont il dispose. Bokka me fait signe de lui parler, de lui prendre la main. Non mais je rêve? Serait-elle en train de manigancer quelque chose ou est-ce vraiment ce que je dois faire?

Je place ma main dans celle de Nash et il tressaillit légèrement par surprise. J'en ai un pincement au cœur, surtout avec le regard qu'il porte sur nos mains avant d'entrelacer nos doigts.

Regardant devant moi, j'essaye d'ignorer la chaleur qui se propage en moi. Pourquoi dois-je le désirer autant? Nash se racle la gorge alors que les tam-tams s'arrêtent de battre, les deux femelles font de même. Le grand homme donne une pression sur ma main comme pour s'encourager.

- Deux moitiés redevenant une seule et même âme. Cash, Misha, vous avez la chance de vous retrouver.

Faites grâce à la lune, tout comme la première bête qui autre fois a imploré notre astre pour l'aider à briser sa solitude.

Tous se mettent à hurler, le couple devant nous prend forme animal, se moment devient magique et intime. Ils se reniflent, se lèchent, se tournent autour avant de fuir vers le bois afin de terminer le processus d'accouplement.

Nash regarde au loin, un air mélancolique dans le regard, il ressert la pression sur nos mains avant de se pencher légèrement.

- Tu peux partir... Me souffle -t-il. Je ne te forcerais pas à rester...

** 12 **

Partir? Je peux m'en aller... Je devrais être heureuse non? Alors pourquoi j'ai du mal à respirer? Pourquoi mon cœur me fait si mal? Pourquoi je dois serrer les dents pour ne pas pleurer? Ma bête se déchaine en moi, effrayée par cette séparation.

Nash détache sa main de la mienne, le regard toujours posé au loin. Par un élan de je ne sais quoi, je ne le laisse pas me lâcher et referme mes doigts autour de sa grande main. Cela attire son attention, il me lance avec un regard glacial qui fait froid dans le dos.

- Ne rends pas les choses encore plus difficile, va retrouver cet homme que tu aimes tant. Marque le et il te marquera en retour. Ma morsure disparaîtra au fil du temps... Rends moi juste un service par respect pour nos bêtes: fait en sorte que je ne croise plus jamais ton chemin...

Il me lâche et s'en va en direction d'un groupe pour se poser auprès de la belle rousse. Son visage est neutre et je ne sais pas quoi penser. Je sens le regard de Bokka sur moi, elle me regarde avec compassion alors je tourne les talons pour partir.

Si Nash préfère que je m'en ailles, je partirais. Il semble déjà avoir trouvé du réconfort auprès de celle avec qui il a toujours été: Tanis.

Même si nos bêtes vont souffrir de cette séparation, je pense que c'est mieux ainsi. Je ne voulais pas le suivre de toute façon. Je vais retourner à mon ancienne vie...

Ma louve me supplie de retourner vers lui, d'arracher la tête rousse de cette fille qui ose toucher mon âme-sœur. Ma bête pleure d'avoir retrouver sa liberté.

Je cours dans les bois. Je n'ai rien à prendre avec moi puisque je n'ai rien amenée. Je me laisse enfin allée, fermant les yeux pour presser mes larmes. Je ne dois pas pleurer.

Une obstacle me gifle de plein front. Ce n'est pas un arbre et ma louve prend une position de défense. Je m'accroupis et recherche à l'odeur la menace. Mais c'est inutile car Bokka se tient devant moi.

- Petite lâche! Crache t-elle les crocs a l'air. Je grogne pour réponse, me sentant étrangement en danger devant cette vieille dame.

- Je ne suis pas une lâche! Il m'a dit de partir! Me défendais-je.

- Tu comptes laisser mon garçon mourir de chagrin? Tu ne lui laisse pas la moindre chance... Petite ingrate, il t'a sauvé la vie!

- Après avoir tué mes parents? Il n'avait pas à les tuer...

- Tu ne veux pas comprendre? Tant pis pour toi! J'espère seulement que tu souffriras autant que lui! Et que ta mort soit lente et doulou reuse...

Elle disparaît, retournant certainement à la fête qu'ils donnent. Ma poitrine me brûle, ma louve hurle de douleur. Je me remets à fuir, je vais reprendre ma vie ou je l'ai laissée.

C'est affreux, plus je me rapproche de mon ancien chez-moi, plus respirer devient difficile. Ma louve souffre, mon âme souffre... Mais je n'arrête pas de courir. J'y suis presque...

Une fois dans mon ancien territoire, je m'arrête. Attendant que d'être accueillie par ceux qui inspectent les frontières. Je me demande si Tobb fait toujours partie des patrouilles. Que ce passera t-il lorsqu'il me verra. Il était inconscient lorsque Nash m'a marqué, comment réagira t-il à la marque?

Des grognements se font entendre. Ils doivent être quatre. Me plaçant de façon à ne pas paraître menaçante, je regarde les loups renifler l'air. L'un deux se fige. J'ose redresser la tête et je vois qu'ils reprennent forme humaine.

Tobb.

Il me dévisage. Les crocs toujours visible. l'odeur qui émane de moi ne semble pas lui plaire alors je baisse encore plus la tête. Par soumission mais aussi par honte.

- Marisha? ... J'ai cru que tu étais morte! Grogne t-il en s'approchant dangereusement.

- Il m'a laissé partir... soufflais-je en fixant le sol.

- Tu sens comme lui... Kam m'a dit pour la marque... Comment peut-il te laisser partir après t'avoir marqué? Demande t-il en se plaçant devant moi.

- Je lui ai dis que je ne voudrais jamais de lui et que je ne le marquerais pas... Jamais...

Chaque mots qui sort de ma bouche me fait l'effet d'un poignard qui s'enfonce dans mon coeur encore et encore. Mes mains commencent à trembler de douleur. Tobb me prend doucement les doigts. Son regard est plein de tendresse mais il n'est pas pareil qu'avant.

- Tu seras toujours la bienvenue ici...

J'hoche la tête pour le remercier et tente de faire un sourire mais en voyant son expression, je vois bien que cela ne ressemble à rien. Nous repartons chez moi...

Chez moi? Je n'ai plus l'impression d'être chez moi ici.

Comment va m'accueillir Kam? Après avoir prit soin de moi durant toutes ses années, il m'a délibérément donné à Nash. Il lui a dit de me prendre contre Tobb. Voudra t-il de moi maintenant?

En rentrant au village, Tout le monde est sous le choc. Il leur faut du temps pour venir m'accueillir avec l'aide de Tobb qui leur à sans doute fait les gros yeux. Lorsque Kam m'aperçoit, il ne semble pas y croire. D'un pas hésitant, il s'approche sans me quitter des yeux.

- Comment est-ce possible? Dit-il en posant sa main sur ma tête. As-tu pris la fuite? Tu sais ce qui se passera si tu as fuis?

- Je n'ai pas fuis, il m'a laissé m'en aller. Dis-je en reculant assez loin pour qu'il ne me touche pas.

- Ta moitié? Ton âme-soeur t'aurait laissé partir? Demande t-il incrédule. Qu'il ne me croit pas me vexe. Je n'ai jamais menti!

- Si je ne suis plus la bienvenue ici, dis le moi et je m'en irais mais ne me traite pas de menteuse!

Ouvrant grand les yeux, Kam me regarde de haut en bas. Un sourire amusé vient se dessiner sur ces lèvres. Il fait un autre pas et me prend par le menton et soulève ma tête.

- Tu as réussi à échapper à ta moitié? Décidément... Tu es exceptionnel!

La meute se met à hurler à la lune. Me souhaitant la bienvenue. Je suis heureuse de revenir, cependant, mes pensées vont toutes vers Nash. S'est-il rendu compte que je ne suis plus là? Comment le prend t-il? Que fait-il maintenant?

Ah oui... La rousse...

** 13 **

Les choses sont presque comme avant. Je dis presque parce que je sens des fois le regard suspicieux de certains qui croient peut être que j'ai été envoyé pour tâter le terrain avant que mon Alpha vienne attaquer! Je n'essaye même plus de leur expliquer, qu'ils pensent ce qu'ils veulent...

Et presque aussi parce que je sens mon cœur se dessécher dans ma poitrine, ma bête est silencieuse, mon âme souffre. Mais je garde la tête haute. J'essaye en tout cas. Je ne veux pas me laisser aller...

Tobb m'aide beaucoup. Il est constamment présent. Il essaye de faire comme si tout ça ne s'est jamais passé. Mais nous savons tous les deux que ça à eu lieu. Sans pourtant me poser de question, je vois dans ses yeux qu'il aimerait savoir ce qui c'est passé là-bas.

Je ne sais pas si je pourrais lui en parler. Il n'y a pas grand chose à dire, j'ai été prise contre mon gré après tout. Qui de plus est, par le fils de l'assassin de ma meute. Alors il est normal que je ne me suis pas laissée faire...

Non?

Les jours passent et la douleur s'intensifie. Je me sens sans arrêt fatiguée et de mauvaise humeur. Kam remarque le changement mais ne me dit rien. Il attend peut être que je me rende à l'évidence et retourne auprès de ma moitié de mon plein gré mais Nash m'a lui même dit de partir. Et lorsque je l'ai fait, il s'est empressé d'aller rejoindre sa petite rouquine!

Petit batard!

En allant courir dans les bois, je suis pour la première fois de ma vie essoufflée. Je ne devrais pas être essoufflée... Tobb me rejoint, le regard inquiet.

- Allez, faisons une pause... Dit-il en s'asseyant contre un arbre. On devrait organiser une course! Je suis sûr de gagner!

- ha ha t'es décidément trop marrant! Organisons plutôt un spectacle de clown, tu gagneras aussi! Grognais-je. Tobb éclate de rire.

- Bon sang! Tu es bien partie toi aussi...

- La ferme! Dis-je en souriant.

Tobb sourit encore, son regard perdu dans le vide est pourtant triste. Il doit faire contraste avec le mien...

- Ne lui en veux pas Marisha... Tu sais que Kam t'aime mais il s'inquiète. Son frère s'est donné la mort après avoir rejeté sa moitié.

- Je ne lui en veux pas... Soufflais-je

- Est-ce aussi magique qu'on le prétend? Demande -t-il après un moment de silence.

- De quoi? Fis-je mine de rien.

- Trouver son âme-sœur bouffonne!

- Oh ça va! ... Et ... Oui... Dis-je dans ma barbe.

Un silence étrange s'installe, Tobb me regarde de temps en temps et dès que je pose mes yeux sur lui, il fait mine de rien.

- Je t'aime toujours tu sais... Souffle t-il. Mais je ne veux plus de toi...

Étonnée, je le regarde ébahie. Il dit ça avec tellement de... banalité. Mais étrangement, ça ne me fait rien. Suis-je en train de mourir de l'intérieur?

- Je t'ai aimé au premier regard... Un fillette de douze ans, moi j'étais un adolescent plus que désiré par la gente féminine et pourtant, la fillette aux grands yeux verts m'a charmé.

- Tu m'en as fait baver pour un amoureux... Me plaignais-je.

- Parce que tu te fichais de moi... Et je t'avoue avoir pensé à baisser les bras. Mais tu m'as sauté au cou, femme, tu as cédé comme tout les autres!

J'éclate de rire, un vrai rire. Je me souviens que Tobb n'en revenait pas en effet. Je le regarde sourire, m'avouer tout ça doit être dur pour lui. Son sourire s'estompe au fur et à mesure qu'il s'enfonce dans ces pensées.

- Retourne auprès de lui. Souffle t-il. J'écarquille les yeux sous le choc.

- T'es pas sérieux? Il m'a dit que je pouvais partir! Je n'irais pas le supplier de "me reprendre"! Dis-je en exagérant au maximum. Tobb sourit.

- Tu dois voir les choses autrement... Commence t-il. Le jours ou il t'a emmené, l'as-tu suivie de ton plein gré? Ou était-ce sous la menace?

- Il voulais te tuer! Grognais-je.

- Oui, moi et tout les autres... Par amour pour nous, tu l'as suivi.

Je le dévisage prête à répliquer mais une odeur m'interromps, une odeur puissante. Kam est là. Il se joint à nous sans rien dire. Tobb lève les yeux vers lui, on dirait qu'ils sont tout les deux d'accord sur un point. En ont-ils discuté sans moi?

- Nash est au courant pour toi depuis longtemps, il a eu le temps de se faire une idée sur sa moitié. Dit Kam en me regardant sévèrement. Il a eu le temps de t'aimer. Et c'est parce qu'il t'aime qu'il t'a laissé partir.

- Alpha, c'est lui qui est entre dans ma chambre pour me faire fuite! Pas mon père! Je n'ai jamais revu mon père en vie...

- Seule ta moitié peut te dire ce qui c'est passé à ce moment là. N'oublie pas qu'il a fait appel à ta louve, souviens toi comme elle a pleuré ce soir là... Peut-être est-ce parce qu'elle a compris avant toi?

Baissant les yeux, je me rends compte que je n'avais pas pensée à ça. C'est Nash qui à réveillé ma louve? Elle a dû prendre le relais pour m'aider à fuir. C'est pour ça que je ne me souviens de rien? Voilà pourquoi j'ai évité ce sujet depuis mon retour. Je savais que je me sentirais pitoyable.

- Il m'a remplacé... Soufflais-je honteuse. Il peut tourner la page... Je ne retournerais pas là-bas.

Sans leur laisser le temps de répondre et jetter du sel sur ma plaie, Je prends la fuite dans les bois. Je cours aussi vite que ma condition me le permet à présent. Tobb et Kam ne me retiennent pas et je leur en suis reconnaissante.

Une fois éssoufflée, je m'arrête au frontière. Regardant à l'autre bout, là ou se trouve ma moitié. Pense t-il à moi? Regrette t-il de m'avoir laissé partir? Il doit être avec elle, il doit certainement vouloir m'oublier avec Tanis...

Il y arrivera. J'en suis sûre. Il l'a marquera, elle aussi, elle pourra alors porter ses enfants...

J'espère qu'ils seront tous roux!

** 14 **

Je n'ai plus goût à grand chose. Tobb tente de me faire sortir mais je n'en n'ai pas la force. Je me sens si lasse de tout.

Ma louve s'est tue le soir de mon arrivée ici. Cela fait plus d'une lune. Ce silence dans mon être est insupportable, je me sens abandonnée.

Encore.

Je rêve chaque soir d'un grand loup ébène qui hurle son désespoir. Ses yeux azur sont meurtriers et je prend peur. J'ai peur car ma louve ne me vient pas en aide, je suis presque ... Humaine.

J'ai perdu du poids, mon teint est pâle, je suis toujours tellement... fatiguée.

Comment peut-on souffrir autant physiquement en étant mal psychologiquement? Mon âme souffre de cette solitude pourtant souhaitée. Je ne voulais pas de ma moitié, enfin si. Ce que je ne voulais pas, c'est de la personne qui a tué les miens. Je voulais qu'il souffre mais j'ai l'impression de souffrir plus que lui.

A-t-il marqué une autre femelle? Tanis? Cette femme n'attend que ça. Je l'imagine la tenir dans ces bras, lui faisant l'amour. La marquant encore et encore pour qu'aucun mâle ne lui prenne ce qui est sien. Lui murmurant des mots doux, lui disant qu'il l'aime.

Ma poitrine se ressert, mon coeur ratte un battement, un plaignement pitoyable me remonte la poitrine. Ma louve se manifeste enfin. Elle pleure encore. Elle pleure comme le soir de mon arrivée ici.

Kam avait raison, elle pleurait pour sa moitié ce soir là. Et non pour ma famille décimées. Elle pleurait d'avoir trouvé sa moitié pour la perdre aussi vite. C'est pour ça qu'elle a tout de suite accepté Nash. Elle se rappelait qu'il lui a sauvé la vie autre fois.

Nash...

Que vais-je faire? Dois-je écouter mon égo ou mourir à petit feu? Et s'il me rejette? Il a le droit de le faire. Il le fera. Il a une petite rousse pour compagne maintenant.

C'est tellement dure de faire semblant. La meute tente de me réconforter et je dois avouer que leur compagnie me devient difficile à supporter. Faire comme si rien ne s'est passé alors que leurs yeux débordent de pitié me rend encore plus malade.

Il y a eu deux accouplements depuis mon arrivée ici et j'ai cru mourir de chagrin. Moi, je n'ai pas droit à tout ça. Je n'en ai pas voulu et maintenant... Je souffre.

- Marisha?! Nous avons un problème! M'appelle Tobb. Je sors le rejoindre, la lumière du jours me brûle les yeux mais je tente de ne rien montrer.

- Qu'y a-t-il? Quémandais-je mollement.

- Nous nous sommes fait attaqué! les patrouilleurs ont été retrouvés mort ce matin.

- Oh non! Combien étaient-ils? Dis-je en me reprenant.

- Cinq Marisha. Ils ont tous été abattu froidement... Viens, l'Alpha à besoin de ton aide.

Nous accourrons vers la frontière, je tente de suivre Tobb mais cela est plus difficile que prévu. Heureusement qu'il m'attend et ne court pas si vite par gentillesse. Tobb fait tout ce qui lui est possible pour me faire oublier mon état.

L'odeur du sang se propage dans les alentours, nous devons être proche. Tobb ralenti pour se mettre à marcher alors que je le rattrape. Kam est en effet présent. Son visage exprime une colère sans limite; on s'en est pris aux siens.

En effet, il y a eu ici un vrai carnage. La bataille a été dure et selon les empreintes, ils étaient plusieurs. Pourquoi personne n'a-t-il donné l'alerte.

- Marisha, Sens-tu une odeur particulière? Demande Kam après s'être mit face à moi.

- Une odeur? .... Non...

Je renifle encore, cherchant la moindre trace de ce que Kam cherche. Il veut avoir si c'est Nash qui a fait ça. Ma louve grogne lentement, elle aussi est fatiguée et mal en point mais accuser son âme la met quand même en colère.

- Je ne reconnais aucune odeur. Tu crois que c'est ...

Je ravale ma salive. Je n'arrive pas à prononcer son prénom. Cela me brûle la gorge d'une manière étrange. Kam hôche la tête pour confirmer sans jamais me quitter des yeux.

- Peut-être qu'il a envoyé quelqu'un d'autre? propose t-il. Je fronce les sourcils et recule d'un pat.

- Il n'y a aucune odeur de l'autre meute Kam. Si tu ne me crois pas, ne fais pas appel à moi.

Je me retourne pour partir mais Kam me retient par le bras. Son expression est sévère mais je le défie du regard. Je ne suis pas une menteuse.

- Tu as l'air mal en point...

- Je vais bien!

Je me prépare à rentrer mais une odeur que je connais flotte dans l'aire. Me serais-je trompée? Je renifle autour de moi. Cherchant la senteur si faible sous le regard de mon Alpha. Il sourit fièrment, comme si je me reprenait mais c'est faux. C'est juste que l'odeur est... infantile?

Je suis le chemin vers les buissons qui ne sont pas dans nos terre, comment se fait-il que personne ne l'ai remarquée, l'odeur est pourtant si rafraîchissante, si naturelle, si...

Je plonge ma main dans les branches pour attraper... un petit bras. Une fillette couine et pleure de terreur. Je le reconnais tout de suite.

Trish? Mais que fait-elle ici. Elle ouvre les yeux et me regarde un instant avant de commencer à me donner des coups en hurlant qu'elle me déteste. Je lève la main vers les autres pour qu'ils ne bougent pas et attends que la petite se calme.

- Je te déteste! Tu es méchante et tu as menti... Je te déteste! Sanglote la petite. Lorsqu'elle se calme un peu, je m'agenouille devant elle pour lui essuyer les joues.

- Voyons Trish? Que fais-tu ici? Ta mère sera furieuse si elle l'apprenait! La grondais-je gentiment.

Elle se blottit dans mes bras et son odeur m'appaise un peu, c'est comme si je retrouvais un peu ce dont ma bête à besoin.

- Luna, il faut que tu reviennes, L'alpha est devenu méchant! Et Tanis n'est pas aussi gentille que toi... S'il te plait reviens Luna... Couine t-elle en se blottissant dans mes bras.

Je jette un oeil sur Kam, ce que je vois ne me plais pas beaucoup. Il sourit? Serait-il si content de se débarasser de moi. Je porte mon regard sur Tobb qui reste pensif, ses yeux sur la fille mais n'a pas d'objections.

Bordel, il va falloir que je ravale ma fierté.

- Ne pleure pas Trish, Je vais te ramener chez toi...

** 15 **

Nous sommes en chemin pour la meute de Nash. Mon cœur bat tellement fort que j'en oublie la fatigue de ces derniers jours. J'oublie tout en pensant à sa réaction lorsqu'il me reverra, sera-t-il content? Ou peut-être déçu? Ou alors mécontent, il doit déjà avoir marqué Tanis et mon irruption dans sa nouvelle vie ne va pas l'enchanter. Surtout qu'il m'a demandé de faire en sorte de ne plus croiser son chemin.

Je m'en fiche! La pression dans ma poitrine me prouve que c'est ce que je voulais! Ma bête attendait que je retourne auprès de ma moitié. Tant que nous ne parlerons pas, je ne peux pas l'accuser comme je l'ai fais. Il avait raison. Je ne peux pas le condamner pour ce qu'il n'a pas fait.

Trish est sur le dos de Tobb qui a insisté pour venir. Il pense que l'attaque de la veille nous met en danger, qu'il pourrait y avoir dans les alentours les bêtes qui ont attaqué le territoire. Je ne pense pas que ce soit une bonne idée, quelle sera la réaction de Nash en me voyant revenir avec Tobb. Nous allions officialiser notre accouplement en nous marquant avant que ma moitié ne pointe de bout de son nez.

J'espère que tout ce passera bien, nous allons ramener Trish, elle sera de nouveau en sécurité, j'expliquerais tout à Nash en espérant qu'il n'a pas changé d'avis. Qu'il n'a pas marqué une autre. Qu'il me ... reprendra...

Aïe, ça fait mal à mon petit égo, mais je ne veux plus être loin de lui.

Je souris en voyant Trish s'accrocher au dos de Tobb, elle a affiché une mine de dégoût lorsque le grand homme a voulu la porter. Comment une si petite fille peut faire la différence entre les diverses meute? Il n'y a que lorsque la bête est éveillée que les différences se ressentent.

Peut-être est-ce autre chose? Peut-être croit-elle que Tobb m'a enlevé? Ou que j'ai quitté Nash pour lui.

Nous nous enfonçons dans les bois. Ma louve se fait remarquer. Elle semble appréhender la rencontre avec son âme. Pense -t-elle comme moi? Nash nous à peut-être remplacé. Un grognement me remonte dans la poitrine, elle semble prête à tout pour reconquérir sa moitié.

Une étrange odeur emplit les airs. Je regarde Tobb et il a sans doute sentit parce qu'il ralenti et passe une main sur son dos de manière protectrice pour la petite Trish. Nous sommes pourtant proche du territoire de Nash. Seraient-ils en colère? Ils pensent peut-être que nous avons enlevé Trish?

- Est-ce quelqu'un de là-bas? Demande Tobb.

- Je n'en sais rien... Dis-je inquiète.

- Non! Affirme la petite voix.

Je la dévisage, comment peut elle savoir? Sa bête serait présente? Je sens qu'on nous observe, Tobb descend la petite et la place entre nous pour la protéger. Nous prenons tous de suite une posture défensive.

Avançant lentement, des craquement se font entendre. Cette fois c'est sure, ils sont proche! Ça doit être ceux qui se sont attaqués aux veilleurs la nuit dernière. Ils ne doivent pas avoir froid au yeux pour oser se balader si près de chez nous.

Ma louve grogne de mécontentement, le danger est fort présent, mais je crois surtout qu'elle est furieuse de l'obstacle qui m'éloigne de nouveau de sa moitié.

Trish se blottit contre moi, j'entends son cœur battre la chamade. Je lui donne une pression sur la main pour la rassurer, elle ne semble pas vraiment y croire parce qu'elle ne prend même pas la peine de relever la tête.

J'observe Tobb, il hoche la tête pour me conseiller d'avancer, il faut qu'on pénètre dans le territoire de Nash, nous serons plus en sécurité.

Nous nous mettons en marche, regardant autour de nous, prêt à nous défendre en cas d'attaque. Nous y sommes presque, mais je n'arrive pas à me sentir soulagée, au contraire.

Un grognement se fait entendre, Tobb se place devant nous et grogne à son tour. Un deuxième puis un troisième retentissent, quelle horreur, ils sont plusieurs...

Cependant, un homme sort des buissons, à moitié nu, il affiche un air moqueur en me dévisageant. Je grogne pour le mettre en garde, mon atout est toujours la surprise, personne ne se doute que ce petit corps est assez puissant pour mettre k.o deux loups mâle d'âge adulte.

Trois énormes bêtes sortent à leur tour. Ils grognent, gardant une posture menaçante en se plaçant derrière l'inconnu qui continue à me contempler avec un rictus plein de mauvaises intentions.

- Tiens, Tiens... Voilà ce qu'on cherchait! N'est-ce pas gentil de se joindre à nous?

- Qui êtes vous? Laissez nous passez! Grognais-je pitoyablement. Ils sont quatre, nous ne sommes que deux.

- Lui et la fillette peuvent y aller, moi, je ne veux que toi! la femelle de Nash!

Quoi? Mon cerveau n'a pas le temps d'assimiler l'information que ma louve prend le relais. Les trois bêtes se jettent sur nous. Tobb repousse la gamine au loin, ne se préoccupant pas vraiment de lui faire mal, tout ce qui importe c'est de la garder en vie.

La bête marron de Tobb s'attaque aux deux loups qui se jette sur moi. Je me charge de la troisième sous l'oeil de l'inconnu qui observe la scène avec amusement. Lorsque j'attrape mon ennemi par le cou et lui arrache un bout de fourrure laissant gicler le sang, son sourire s'efface.

Personne ne s'attend à ce que je puisse blesser.

Tobb hurle de douleur, les deux bêtes ont l'avantage. Je jette un oeil sur Trish qui crie de terreur lorsque l'inconnu devient un immense loup gris. Je n'ai pas le temps de me protéger qu'un coup de patte me propulse contre un arbre. Mon souffle se coupe, ma vue s'assombrit, je perds conscience sous le cris paniqué de la fillette que je n'ai pas su protéger...

** 16 **

Je me sens mal, mon corps me brûle. Et j'ai en tête la voix terrifiée de Trish. Ou est- elle? Et Tobb? Que s'est-il passé? Je tente de bouger mais ça m'est vraiment difficile.

J'entends des voix tout près, serait-ce eux? Ceux qui nous ont attaqué? J'essaye d'ouvrir les yeux, ma vue est floue et je dois cligner plusieurs fois des yeux pour m'adapter.

Des barreaux? Je suis dans une cage?

Ma bête est toujours là, elle m'a gardé en sécurité le temps que je sois inconsciente. Mon museau est camisolé, mes pattes attachées et ces lâches m'ont enfermée.

Affolée, ma louve grogne. Je redresse la tête pour voir ou je me trouve, on dirait que je suis sous terre, dans une sorte de tunnel, tout ici à été creusé pour être caché. Cela doit vouloir dire que je ne suis pas loin.

L'inconnu de tout à l'heure entre dans le trou dans lequel je me trouve, je tente de me redresser mais les liens sont serrés trop fort. Je ne peux même pas les grignoter.

C'est lui qui m'a attaqué! C'est lui qui m'a mise k.o. Il s'approche avec un sourire moqueur, oh oui, il est fier d'avoir mit une femme à terre!

- Tu es enfin debout.... Nous allons pouvoir commencer à nous amuser...

Un grondement me remonte à la gorge. Je dois avouer que je suis terrifiée. Je ne sais ni ou je suis ni ce que me veulent ces gens. Je ne peux reprendre apparence humain parce que je serais nue et je refuse de l'être devant les hommes être qui nous ont attaqués. Face à eux, je ne vais pas faire long feu dénudée.

- Et bien, et bien! tu ne veux pas savoir qui nous sommes? Pourquoi avons-nous fait ça? Ou sont tes amis? Se moque t-il.

Je me débat en grondant ma colère. Si ils ont fait du mal à Tobb ou à Trish... Je les tuerais un par un. Ma colère a beau être grande, je n'arrive pas à me libérer. Je retombe essoufflée sous les rires de cet enfoiré.

Il me jette un t-shirt sans jamais arrêter de se moquer de moi. Je grogne incrédule mais il se contente d'éclater de rire et s'en aller sans oublier de me lancer un regard meurtrier avant de sortir.

Je me dépêche. en récupérant mon petit corps d'humaine, je pourrais peut-être me faufiler entre les barreaux, je pourrais peut-être leurs échapper.

Des bruits de rires se font plus précis. Ils ne sont pas loin, je n'ai pas beaucoup de temps pour me décider. Je serais plus vulnérable humaine... Tant pis...

- Tiens, enfin cette jolie petite bouille! revient l'inconnu accompagné de trois autres hommes souriant méchamment, deux me foudroient des yeux et un petit dernier se faufile pour me regarder étrangement.

- Qui êtes vous? abboyais-je en tirant sur le t-shirt. Il y a beaucoup trop d'homme ici.

- C'est elle qui t'a mise à terre? Dit un des deux hommes qui me dévisageaient. L'autre grogne pour réponse.

- Bordel! Mais qu'est-ce que vous me voulez!? Ou sont mes amis!? Relâchez moi merde! Hurlais-je ce qui fit de nouveau éclater de rire celui qui m'a battu.

Ils se parlent entre eux, comme si je n'étais pas là. je tente de suivre la conversation mais ce n'est pas facile. Jusqu'au moment ou ils mentionnent le nom de Brash. Je devient toute ouïe, ne voulant rien rater.

" Il nous le payera! Brash aurai dû le renier bien avant que cette pute disparaisse"

" Tout est en place, la femelle va souffrir et lui aussi!"

" Une fois que nous nous serons débarrassés d'elle, il deviendra une cible facile."

J'avale difficilement, ils comptent se débarasser de moi? Oh mon Dieu... Je suppose qu'ils parlent de Nash, mais qu'a t-il bien pu leurs faire pour qu'ils soient autant en colère? Je dois me sortir de là...

- Où sont mes amis? Demandais-je lentement. J'avoue avoir trop peur pour me révolter en ce moment.

- On s'en fou de tes amis! Se moque un des gros baraqué.

- Je veux juste savoir où ils sont! Est-ce qu'ils sont en vie? Répondez moi! M'emportais-je.

Le plus grand, le plus effrayant, celui qui m'a attaqué approche d'un pas lent. Il ne sourit plus et j'avoue qu'il est terrifiant sans son sourire moqueur. Il s'arrête devant ma cage, les mains derrière le dos.

- On les a laissé où ils étaient... Ils nous sont inutiles. Ce qu'on veut c'est toi: L'âme de ce traître de Nash!

- Je ne vous ai rien fais moi! Dis-je soudain plus confiante sachant que Tobb et Trish sont en vie.

- Bien sur que si sale chienne! Nash à tué son père parce qu'il te voulait morte. Tu as échappé à Brash la première fois par un coup de chance, à la seconde, lorsque la sorcière t'a localisée, Nash à tué de sang froid notre Alpha pour prendre sa place. Il nous a chassé de la meute sans aucun scrupule! N'ayant en tête que sa chère et tendre moitié...

- Il a tué son père... Oh merde! couinais-je. Mais pourquoi Brash en a-t-il eu après moi? Je n'était qu'une gamine...

- Parce que Nash est un batard! La compagne de Brash lui a fait un petit dans le dos... Cela lui a couté la vie... Brash à voulu en faire autant pour son fils et tuer ses chances de bonheur en liquidant sa moitié avec l'aide d'une sorcière.

- Donc Nash m'a protégé tout ce temps... dis-je plus pour moi même.

Mon pauvre compagnon a enormément souffert et moi je l'ai traité comme un monstre...

- Maintenant, commençons...

L'homme ouvre la cage, un autre lui tend une sorte de fourche que celui-ci saisit sans me quitter des yeux. En un mouvement rapide, il me la plante en plain ventre...

- aaaaaaaaaaah

** 17 **

Nash

Je dois me calmer, je ne dois pas perdre la tête. Je ne dois pas devenir comme lui... Mais si Tanis continue à me tourner autour de la sorte, je crois que je ne vais pas tenir longtemps. Je passe mes journées dans les bois, voulant cacher mon désespoir auprès des miens. La dernière chose dont j'ai besoin est qu'ils doutent de moi.

Pourtant, c'est devenu tellement difficile. Même si elle me détestait, la savoir près de moi me rendais... Heureux. Elle était en colère tout le temps sauf lorsqu'elle me regardait dans les yeux, je voyais ce lien se créer lentement dans son esprit.

Du moins jusqu'à ce qu'elle se souvienne. Elle s'en est rappelée au plus mauvais moment, alors que j'étais en elle.

Il a fallu que je lui demande encore et encore de me marquer. Pourquoi suis-je si stupide?! Je n'ai pas su me contenter de sa chaleur, de ses bras qui m'ont enlacés durant un court moment avant de me rejeter! ... Encore!

La peur, le dégoût que j'ai vu dans ces yeux. Elle a raison: je suis un monstre! J'ai bien fais de la laisser partir, tant pis pour moi, du moment où elle, elle est heureuse...

- Alpha, Trish est absente depuis hier... Il faut la retrouver! Avec les vagabonds que Kriss a localisé autour du territoire, je suis morte de peur...

- Ne t'en fais pas... Je vais m'en occuper...

- Alpha, je crois qu'elle est partie chercher... La Luna...Souffle t-elle en faisant un pas en arrière.

Ma poitrine se ressert. La Luna. Marisha est partie sans se retourner. Je n'aurais pas dû m'afficher avec Tanis mais j'ai pensé qu'en la rendant jalouse une dernière fois, elle comprendrait qu'elle ne peut vivre sans moi...

Elle peut vivre sans moi. Elle l'a fait pendant longtemps après notre rencontre.

Depuis son départ, les miens me craignent. Ils pensent certainement que je vais perdre la tête...

Comme lui...

Je rassemble quelques hommes, nous irons en ligne droite vers le territoire de l'Alpha Kam. Trish ne peut être que par là. Elle a dû se perdre ne cherchant la Luna. Pauvre enfant, elle était si heureuse à son arrivée. Mais je ne mérite pas de femelle, je ne mérite pas que quelqu'un m'aime de la sorte.

Si seulement j'avais fait les bons choix...

À peine sommes-nous sorti du village qu'une odeur que je connais que trop bien s'étend dans les parrages. Karsh? Comment est-ce possible? Je l'ai banni, il y a si longtemps... Mes hommes me lancent des regards inquiets, ils ont reconnu l'odeur de mon oncle.

Un rythme cardiaque très rapide se fait entendre. Je me stoppe net afin de pouvoir localiser le lieux. Mes hommes se font aussi discrets que possible. Mettant de côté les bruits de la nature et les nôtres, le coeur qui bat est accompagné de pleurs... Trish?

Merde!

Nous accourons en dehors de la frontière. J'avoue avoir peur de ce que je vais trouver. La douce odeur de Marisha est présente. Et... Du sang? Un grognement bestial me sort d'entre les crocs dans ma fureur, si Karsh à touché à un seul de ces cheveux... Je le découperais morceau par morceau...

Un corps énorme est accroupi au sol. Je le reconnais par l'odeur. c'est ce batard qui à voulu marqué MA moitié. Il tient quelques choses dans ces bras... Un petit corps tremblant.

- Trish? grognais-je. Le petite relève la tête vers moi pour de nouveau se blottir dans les bras de cet enfoiré.

- Alpha... Je suis désolée... pleure t-elle sans lâcher l'homme. Pourquoi le tient-elle si fort? C'est ma faute... Ils ont enlevé Luna...

- Je vais le tuer!! Hurlais-je et la petite se blottit de peur dans les bras inconscient de cet homme.

Je tourne en rond, je dois la trouver. Si Karsh l'a prise avec lui, c'est pour me punir et la torturer. Il ne la tuera certainement pas avant que je ne sois là pour voir ça.

Je jette un oeil sur la fillette et quelque chose retient mon attention. Ses petits yeux noisette, qui fixe l'homme inconscient d'un manière si... Intime? Ils s'illumine lentement. Juste une fraction de seconde avant qu'elle ne ferme les yeux pour recommencer à sangloter.

Oh bordel...

- Kriss, emmène-le au village. Soignez le. Il faut qu'on se regroupe pour retrouver votre Luna.

- Alpha? Ne serait-ce pas l'odeur de ...

- Si! Le coupais-je. Nous tenterons de suivre leur puanteur!

- Mais... Qu'allons nous faire de celui-là? Demande Soka silencieux jusque là.

Trish relève la tête, elle fronce les sourcils d'une manière adorable. Se tournant ensuite vers moi, son expression devient craintive.

- Il a protégé un des miens. Nous allons le soigner avant d'appeler son Alpha.

Prenant la petite dans mes bras, elle ne cesse de se retourner vers ce type alors que les autres le soulèvent lentement. Celui-là gémit une nouvelle fois le nom de ma moitié. Je sans que je vais le finir s'il continue...

A peine sommes nous reparti vers le village qu'un frisson désagréable me traverse l'échine. Ma bête se manifeste dangereusement. Quelques chose ne va pas.

Marisha...

Un hurlement qui me sert les boyaux retenti. Tout le monde se fige. C'est elle! Elle hurle de douleur! Ils l'a font souffrir...

- Non...

** 18 **

J'ai mal. Mes blessures guérissent lentement. Ma cage est pleine de sang. Celui qu'on appel Karsh est impitoyable. Il parle peu mais agit en conséquence.

Un homme vient me voir Tobias me semble-t-il. Il me regarde avec compassion mais ne fait rien pour m'aider. Bordel mais j'y suis pour rien dans tout ça, je dois encore souffrir par sa faute...

Ma bête gémit à ces pensées, pourquoi doit-elle toujours pendre sa défense? Tobias me regarde plus longtemps que prévu alors que je crache du sang. Il regarde autour de lui apeuré, sort de la pièce pour revenir avec se qui ressemble à un verre d'eau.

Il me le tend en me suppliant du regard de ne pas faire du bruit. D'une main tremblante, je prends ce qu'il me donne sans jamais le quitter des yeux et bois goulûment. Il reprend le verre en vitesse et le cache alors qu'on entend quelqu'un arriver.

... Oh non, pas encore.

Un géant entre sans me regarder, il apporte avec lui une sorte de long fouet. Je comprends tout de suite que c'est pour moi. Il jette un regard au jeune homme puis à moi.

- Nous partons quelques minutes. Garde un œil sur elle et au moindre signe de révolte, tu l'enfourche!

Tobias se contente de sourire pour répondre alors que l'autre batard éclate de rire puis s'en va. Je me redresse avec peine sans quitter l'homme devant moi des yeux. Les trois trous dans mon ventre ne semble pas vouloir guérir, je suis trop épuisée pour ça,

Je tente alors d'amadouer ce type, ou plutôt lui faire pitié, ça suffira.

- J'ai pas merité tout ça... dis-je en prenant une toute petite voix. Il grogne faiblement en regardant mon corps ensanglanté.

- Je sais... Souffle t-il contre tout attente. J'en écarquille les yeux pour m'emporter légèrement.

- Alors pourquoi je suis là? Si vous voulez vous en prendre à Nash, faites-le! Je m'en fiche! Je ne voulais pas de lui de toute façon! Tentais-je.

- Tu allais chez lui il me semble. N'essaye pas de me rouler! Grogne t-il en s'approchant. Mais où est passé sa compation de tout à l'heure?

- J'allais ramener la petite! Elle m'a suivie alors que je suis rentrée chez moi pour recommencer ma vie! Je ne pouvais pas la laisser rentrer toute seule après ce que vous avez fait.

Il me fixe un moment, cherchant sans doute une failles à mes propos. Je dois à tout prix me trouver un allier. Si j'arrive à sortir, je pourrais tenter de fuir malgré mes blessures. Ma bête prendra le relai, je me suis bien faite avoir en reprenant forme humaine.

- Je t'ai surveillé pendant des années. Mon père voulait te garder à l'oeil. Je sais que tu ne voulais pas de Nash!

- Ton père...

- Ne fait pas l'idiote, je sais que tu es très fûtée. Brash et son père sont frères, Nash et moi sommes cousin. Mais il n'a pas hésité à nous bannir sous prétexte que mon père a perdu la tête. Et ce salopard a droit à une femelle comme toi! Hurle t-il. Je me recule au fond de ma cage. Ce type est plus effrayant que je croyais.

- Mais je ne veux pas de Nash, je n'ai pas voulu le marquer...

Tobias s'approche lentement, sans jamais me quitter des yeux. Son expression est assez troublante, on dirait qu'il a de la peine pour moi mais autre chose d'effrayant me pousse à reculer pour être aussi loin que possible de lui.

Il tend la main et me touche le pied. J'avoue ne pas avoir assez de place pour m'éloigner alors je le fixe, le défiant du regard. Tobias sourit, et je crois que mon coeur a arrêter de battre durant deux secondes.

- Accepte ma marque, je deviendrais ton compagnon officiel, tu me marqueras aussi et je crois que ce sera la pire des revanches pour ce Batard. Sa seule et unique moitié qui en choisit un autre.

Je le dévisage. Il est dingue ce type? Me voilà piégé, soit je tente de l'amadouer en acceptant et dés que je sors, je prend la fuite. Mais il pourrait me rattrapper et me forcer à lui obéir et ça en sera finit de ma moitié, il ne voudra plus de moi.

Soit, je ris comme j'ai envie de le faire et je l'envois se faire foutre pour ne plus avoir cinq mais six agresseurs et je crois que Tobias ne se gênera pas pour bien me faire regretter mon choix.

- Mais, je ne te connais pas? Comment peux-tu vouloir passer ta vie avec un femme dont tu ignores tout?

- Je te connais Marisha! Je t'ai observé durant des années. Je t'ai regardé avec ce type à la frontière de ton ancien territoire, tu le laissais te toucher et moi j'enrageais dans mon coin! Choisis moi, tu ne le regretteras jamais!

Dire que je suis bouche bée est un doux euphémisme. Je suis dans un sacré merdier. Je fais l'erreur de lui sourire faiblement par nervosité, Tobias me sourit en retour. Il approche de ma cage et ouvre la petite porte. je le regarde faire, attendant l'instant où je pourrais le bousculer pout sortir et laisser ma bête se déchainer.

Tobias me saisit une cheville, puis l'autre, il regarde chaque expression de mon visage pour deviner mes pensées. La douleur cuisante dans mon ventre se réveille lorsqu'il tire sur mes jambes pour m'attirer vers lui. Oh non.

Le t-shirt ensanglanté est dans un piteux état et ne cache pratiquement rien de mon corps.

C'est ma chance. Maintenant ou jamais. Je peux le faire... Pardonne moi Nash...

Je me redresse lentement, faisant attention de ne pas me blesser plus qu'il ne faut. Tobias semble satisfait, surtout lorsque je relève la mains pour lui caresser la joue.

- Tu as raison. Il souffrira beaucoup plus en me sachant avec toi. soufflais-je en approchant les lèvres de sa joue pour le caresser. Il mérite de souffrir pour ce qu'il a fait au mien mais aussi à vous tous.

- Oui...

Je dois me dépêcher, il faut que je me sauve avant que les autres ne reviennent. Il faudra que je cours en dehors du Sentier qu'ils ont creusés et hurler aussi fort que je peux pour alerter les miens. Je courrais alors aussi loin que je le pourrais en laissant ma louve sortir.

Je passe mes mains sur son torse pour aller en dessus de son t-shirt, Tobias ferme les yeux pour savourer le contact de mes mains sur sa peau nue. Mes lèvres lui grignotent sa mâchoire, descendant à son cou.

Ma bête est dégoutée mais je dois la charmer. Les mâles, tous les mêmes. Je descends ma main dans son jeans alors que l'autre je joue avec son téton. Lorsqu'il grogne de plaisir, je saisis son sexe pour lui faire perdre la tête. Allez, je peux le faire...

Cela ne me prend que quelques secondes. Je sors mes griffes, les enfoncent dans sa poitrine pour tirer vers le bas alors que de l'autre main je fais l'inverse. Son petit joujou en a pris un coup.

Lorsqu'il hurle de tout son être, je le repousse de toutes mes forces sachant qu'il a alerté les siens, et j'ai dans l'espoir que les miens entendront également.

Je me jette sur mes pieds, une douleur cuisante m'arrache un sanglot mais je n'attends pas. Je cours aussi vite que les blessures me le permettent. Le tunnel est plus long que j'espérais mais je ne m'arrête en aucun cas.

Une odeur nauséabonde se propage. Ils doivent certainement couvrir leur trou avec cette puanteur pour ne pas se faire repérer. Il n'y a plus beaucoup de lumière, il doit faire nuit dehors mais l'odeur de la nature se propage lentement. Je ne suis pas loin. Je vois la sortie.

À peine ai-je mis le pied dehors que je hurle à la lune, un cri puissant qui vient du profond de mon être. Je reprends mon souffle et m'apprête à recommencer mais un coup violent me coupe le souffle et tout s'assombris...

** 19 **

Nash

Les odeurs se mélangent, ces batards ont bien fait leur travail mais trop d'odeur c'est étrange même si la rivière répand son arôme. Mes hommes sont à l'affût du moindre changement. Et je dois avouer que Tobb est très bon...

- Alpha, ça sens la mort par ici! Dit Kriss. J'hoche la tête pour qu'il poursuive par là cependant il y a quelques chose d'étrange de l'autre côté.

- Par ici Nash, je crois qu'une des odeurs des agresseurs est présente. Ils ne seraient pas assez stupide pour être aussi proche quand même!

Je dévisage ce type, quelle familiarité! Il a de la chance que j'ai besoin de lui parce que rien que de penser qu'il a touché à Ma moitié. Il lui a fait tout ce dont je rêve de lui faire et elle le lui a certainement bien rendu.

Je le suis lentement. En effet, je la perçoit mais ne dis rien. Mes hommes se sont dispersés. Je les rappelle silencieusement. Nous ne sommes pas loin, il ne faut pas qu'ils soient en danger séparément.

Rassemblés, nous suivons la traces succesptible de nous mener à mon âme, Dieu, faites qu'elle soit en vie, je m'occuperais du reste, tout le reste...

Des bruits à peine perceptibles se font entendre vers le nord, personne ne semble s'en être aperçu. Ils reniflent bêtement devant eux. Mes hommes sont les meilleurs mais des fois...

Un grognement retentit, j'ai à peine le temps de me retourner qu'une bête gigantesque se jette sur Pollon. Elle le saisit par l'épaule et le propulse contre un arbre. Le craquement écœurant de la colonne vertébrale de mon chasseur me sert les boyaux.

Ça commence...

A ma grande surprise, Tobb est déjà en bête et de jette sur le loup qui s'en prend au corps inconscient de Pollon. Ce type est très fort. Quatre autres loups sortent des buissons et attaquent sans attendre.

Mes hommes se déchaînent, moi, je me recule afin de trouver mon très chère oncle. Je l'ai laissé vivre la dernière fois mais s'en prendre à mon âme va lui couter la vie! Il ne me faut pas longtemps avant de repèrer le traître qui se cache.

Lorsque je m'élance sur lui, il prend la fuite. C'est bien, il me guidera jusqu'à elle, mon âme, ma moitié; et il me payera chaque minutes qu'il a passé avec elle.

Nous entrons dans une sorte de tunnel. la puanteur qui se dégage d'ici est bien le reflet de ces ordures. Je sens l'odeur de ma moitié et...

le sang? Ma bête grogne de frutation et de peur. Priant qu'elle soit en vie...

J'accélère le pas et me jette sur lui. Je n'ai pas besoin de faire appel à ma bête pour lui, karsh est un lâche. Je lui enfonce mes griffes dans ses épaules et le cris qui traverse ses lèvres me fait un bien fou. Je le soulève et le retourne pour lui faire face.

- Où est-elle?! Aboyais-je. La terreur qui se lit sur son visage est pitoyable.

- Je... J'en sais rien! Je ... Je te jure Nash! Elle ... Elle était avec Tobias et...

N'en supportant pas d'avantage je lui saisit le cou, serrant lentement alors que mes griffes enfoncent dans sa nuque. Il me supplie comme le bon a rien qu'il a toujours été.

- Tu t'en es pris à MA moitié... Tu sais bien que d'autres ont péri pour moins que ça... Soufflais-je avec autant de venin qu'il m'est possible.

Je savoure le pouvoir que j'ai sur lui encore quelques secondes, juste le temps que met sa tête à se décrocher de son corps pour rouler à mes pieds.

Je suis hors de moi. Elle n'est pas ici? Ou est-elle? Mes hommes me rejoignent avec ce Tobb. Il regarde le corps sans vie à mes pieds mais ne dit rien. Je recherche dans les airs un indice qui pourra me guider auprès de mon âme.

Ils sont tous mort, il ne me reste plus qu'à trouver ce chien de Tobias. Il est le seul qui reste. Cependant, une tierce personne était ici. Une personne que je connais bien mais c'est impossible.

Nous nous enfonçons dans les tunnels en suivant la faible odeurs qui devient vite assez forte.

Le sang.

Ma moitié est blessée, son sang est désormais visible par terre. Il semblerait qu'elle a été tirée inconsciente. Mes boyaux se tordent de douleur. A quel point est-elle blessée? Que lui ont fait ces monstres...

Mon pauvre amour...

Dieu, faites qu'elle soit en vie...

Juste vivante et je me chargerais du reste...

Une odeur me gifle en plein visage, mes hommes semblent l'avoir sentie... Mais c'est impossible! Je vais la tuer...

Tanis

** 20 **

- Espèce d'imbécile! Tu t'es fais avoir à la plus vieille ruse de tout les temps! Et les autres qui ne reviennent pas! Dépêche toi de la tuer! Nous dirons qu'elle a tenté quelques chose...

Cette voix m'est familière? Ma tête me fait si mal et un liquide chaud en coule. Bordel je suis dans un piteux état. Je me souviens être parvenue dehors et hurler à l'aide grâce à ma bête et puis plus rien.

- Je... Je ne peux pas...

Tobias! Cette voix, c'est la sienne mais qui est l'autre? Qui est cette femme? Est-ce elle qui m'a frappé? Bon sang... Nash? Où es-tu? Je ne vais pas tenir longtemps...

Peut-être qu'il ne viendra pas..

Il doit être avec sa belle rousse qu'il a dû marquer depuis, ils sont sans doute en train de.... Une seconde, cette odeur, c'est la sienne! La chambre sentait comme elle après qu'ils aient...

Tanis?

C'est impossible! Que ferait elle ici? Elle parle de me tuer? Sale garce! Ma louve réagit, elle a enfin l'occasion de lui arracher cette petite tête rousse! Sa colère accélère le procéssus de guerison mais je reste calme. Ne voulant pas alerter leurs ouïe fine.

- Il faut que tu te débarrasses d'elle avant que Nash ne la trouve! Morte, elle ne lui servira plus à rien!

- Tue la toi! Grogne Tobias qui semble avoir reprit de l'assurance.

- Je ne peux pas crétin! Nash sentira mon odeur sur elle mais ce n'est pas l'envie qui me manque! Cette gamine nous a gâché la vie à tous!

Je retrouve doucement assez de force pour pouvoir ouvrir un peu les yeux et serrer les poings. Dès que je me sens mieux, je lui arrache les yeux.

Elle est avec eux! Je n'y crois pas, elle est avec eux depuis le début! Comment peut elle trahir son Alpha? C'est une chose rare et presque impossible. Le dominant de la meute à tout les pouvoirs, nous mettons notre vie entre ses mains.

J'ai déjà défié Kam ou je lui ai désobéis mais c'est autre chose. Si je vis assez longtemps, je voudrais d'abord m'assurer que cette salope crève.

- Tiens tiens, mais c'est qu'elle s'est réveillée la petite chienne. Dit la rousse en s'approchant de moi.

Je la foudroie du regard, je ne peux faire que ça. Derrière elle, Tobias semble fou de rage. Sans doute parce qu'il s'est fait avoir à "la plus vieille ruse du monde" comme a dit la rousse.

Malgré l'avantage qu'ils ont sur moi, il y a une lueur de panique dans leurs yeux. Lorsqu'un hurlement de bête de fait entendre, ils palissent d'un coup. C'est ce type, karsh, on dirait qu'il est mort.

Un petit soulagement m'envahit et je me permets de sourire. Qui s'en est prit à lui? Nash? Nash est venu pour me sauver... Je suis heureuse! Oui, heureuse...

Cependant, le bonheur est de courte durée, Tobias de jette sur moi me prendre par le cou et me soulève afin de faire de mon corps un bouclier potentiel de la menace imminente et ma douleur au ventre se réveille, me faisant gémir pitoyablement. Mais je m'en fiche car j'entends les battements du cœur de Nash et dire qu'il est furieux est un faible mot.

Une certaine fierté se propage dans mon corps et laisse un sentiment de sécurité. Mon âme est venue me sauver...

- Espèce de garce, tu as dit le détester! S'emporte Tanis. Il a tué tes parents...

Étrangement plus calme, je me contente de lui sourire, un sourire qui disparait vite losque Tobias se met à ricaner bruyamment. Il place sa main libre sur mon sein et sert vulgairement mais je ne me plains pas. Ils attendent que ça, que je supplie et pleure...

- Mais ma pauvre chérie, Nash n'a pas tué tes parents? Tu l'as rejeté tout ce temps pour rien... souffle t-il à mon oreille, je me fige pas surprise. Il était là? Mais bien sur...

- Tu dirais n'importe quoi pauvre perdant! Le provoquais-je pour qu'il m'en dise plus.

- Non, Ce batard est allé chez toi, tes parents sont sortis pour protéger leur meute alors que Nash devait te sortir de la maison. Je me suis amusé à d'abord arracher la tête de ta mère, la pauvre ne s'y attendait pas, d'ailleurs cette expression choquée n'a pas quitté son visage qui se roulait à mes pieds! Et pour ton père, j'ai eu droit à de l'aide mais il n'a pas fait long feu! Se moque t-il.

- Noooon! Me débattais-je enfin. Je te tuerais enfoiré! Hurlais-je mais les forces dans mon corps meurtri sont faible.

Je pleure de colère sous les yeux moqueur de Tanis. Tobias qui me retiens près de lui. J'ai envie de leur arracher la tête mais même ma louve est épuisée. Alors que je baisse la tête pour abandonner, un grognement attire mon attention. Cela se passe à une vitesse folle, je relève la tête sur Nash suivi de Tobb et quelques autres loups ensanglantés, je cligne des yeux. Je me retrouve dans les bras de Nash alors que Tobb est sur cette pauvre chose maintenant affolé qu'est Tobias.

- Qu'est-ce que tu fais ici Tanis? Grogne t-il en me serrant fort dans ses bras mais mon attention est rivé sur le corps désormais désarticulé de l'assassin de mes parents.

- Je... Je suis venue t'aider! Ment elle.

Je suis épuisée mais j'arrive tout de même à tourner la tête vers elle. La panique se lit dans ses yeux suppliant. Serait-elle en train de mendier ma clémence alors que quelques minutes plus tôt, elle ordonnait à ce type de me tuer?

Nash me caresse le visage et me donne des baisers sur le crâne et même si cela me fait un bien fou, si ma bête se réveille lentement en reprenant les forces de sa moitié, je ne peux bouger mon attention de cette femme tremblante qui a trahi son Alpha pour le gain.

- Tu... Tu as trahi ... Ta meute... Tu as trahi ton Alpha... Tout ce ... Temps... Tu n'aspirais qu'à la place de Luna...

- C'est faux! Hurle-t-elle en tremblant de rage. Nash relève les yeux vers elle, il a compris...

- Tu n'as jamais voulu autre... chose. Ma respiration devient difficile mais je dois en finir. Ma bête est on ne peut plus heureuse de pouvoir enfin se débarrasser de la rousse. Nash grogne en me resserrant dans ses bras mais je le repousse pour me redresser.

- C'est faux! Toute ma vie, j'ai servi mon Alpha! Je lui ai tout donné! Et lui, pour me remercier, il me tourne le dos dès que la gamine que tu es apparait...

- C'est mon âme... Grogne Nash en se mettant debout à mes côtés.

- Et pour elle, tu as tué ton père qui voulait la retrouver! Tu as tourné le dos à la seule femme qui t'a aimé...Moi!

J'avoue ne pas avoir assez de force pour la tuer de mes propres mains alors je fais ce que je sais faire le mieu: Arranger le tout en ma faveur et lui créer la pire des morts. Tuée par l'homme qu'elle aime.

Je place ma main dans celle de Nash, il entrelace immédiatement nos doigts. Je vois la rousse suivre des yeux nos mains désormais jointes. Lorsqu'elle me regarde enfin, je lui souris de la manière la plus hypocrite que je connaisse, je penche la tête et m'appuis sur Nash qui m'enlace aussitôt.

Comme prévu, Tanis réagit. Elle hurle de rage et se jette sur moi mais Nash me protège avec son corps et me place sur le côté, une main lui suffit pour, de ses griffes, lui lacérer le cou. Cela la stoppe net. Elle tombe sur les rotules alors que le sang jailli. Tanis ne me quitte pas des yeux, venant sûrement de comprendre que je l'avais pousser à se jeter dans la gueule du loup...

Nash a sans doute comprit mon intention parce qu'il me replace devant la rousse, elle nous dévisage, pleurant de colère, Même gravement blessée, elle guérira, je ne veux pas qu'elle guérisse. Je lui donne un coup de genoux et sa tête se décolle pour rouler jusqu'à Tobb qui me regarde satisfait.

Mes forces m'abandonnent et Nash me prend dans ses bras avant que je ne m'éffondre. Je ne le quitte pas des yeux, je veux le voir une dernière fois au cas ou... Ma moitié me regarde tristement, ses yeux se remplissent de larmes et mon coeur se sert. Plaçant ma main sur sa joue, je lui sourit faiblement.

- P... Pardonne moi... Murmurais-je. Nash me donne un baiser sur le front, les joues, les yeux...

- Il n'y a rien à pardonner mon amour, repose toi maintenant que tu es en sécurité, je vais me charger de tout le reste!

- Je suis tellement fatiguée... Soufflais-je.

- Je sais! Mais tu es en vie! C'est ce qui compte! Je me charge du reste Marisha, je ferais en sorte que tu vives...

La peur remplace vite tout les autres sentiments. Il fera en sorte que je m'en sortes? Mais c'est impossible, je suis trop mal en point... Ça veut dire qu'il va sacrifier sa moitié?

- Non... Nash, je ne veux pas.... Pas sans toi... Me débattais-je faiblement, mes yeux se ferment malgré moi. Les ténèbres m'engloutissent sous les derniers mots de ma moitié, mon âme-sœur, mon amour éternel.

- Cherche et trouve moi comme je l'ai fais pour toi... Amadoue la bête mon amour.

** 21 **

Les ténèbres, je suis dans les ténèbres depuis une éternité il me semble. Je flotte dans l'oubli sans rien pour me retenir, n'osant pas bouger de peur de tomber encore plus bas.

Il y a bien une petite lumière dans le fond, mais je ne peux pas aller jusqu'à elle. J'ai peur. Et si c'était la porte de l'au-delà? Je ne veux pas aller là-bas. Je ne veux pas partir et quitter ce que j'ai enfin trouvé.

Mon âme.

Alors j'attends. Écoutant les flots de chahuts que je perçois quelques fois sans vraiment comprendre de quoi il s'agit. J'espère trouver un moyen de sortir de là. J'espère que quelqu'un me sortira de là. C'est tout ce qu'il me reste: espérer.

Ce qui est le plus étrange, c'est que je ne ressens plus ma bête. C'est la première fois de ma vie que je me sens vraiment seule. Ou est-elle? Pourquoi m'a-t-elle abandonnée?

Mais bien sur, j'ai rejeté notre âme. Je ne lui ai laissé aucune chance de nous unir. Même après qu'il m'est marquée et m'a supplié de le marquer aussi pour que nous ne formions plus qu'un. Comme il se doit.

Non, moi, rancunière jusqu'au bout, je me suis faite à l'idée qu'il est l'ennemi et je n'ai pas bougé. Si nous avions terminé l'accouplement comme il se devait, il m'aurait retrouvé au bon moment, il aurait ressenti ma douleur et ma détresse. Au lieu de ça, il a dû se fier à son instinct comme pour n'importe quel loup.

J'ai beau demander pardon à tout ce qui m'entoure, rien. J'ai beau essayer de me faire entendre par quelqu'un ou quelque chose ... Je n'ai aucune réponse... Jamais.

Alors recorquillée sur moi-même, je pleure et attends. Je ne passerais pas de l'autre côté! Pas avant d'avoir revu mon âme pour m'excuser de vive voix.

Des grognements se font entendre au loin. Je cherche autour de moi, je ne vois rien mais les bruits se font plus clair. Il s'agit de grognement de loup... Mon loup?

Elle n'a pas l'air contente et je la comprends mais comment ce fait-il qu'elle ne soit pas en moi? Elle semble être tout autour? Aurais-je pris sa place? Est-ce que j'aurai cédé mon corps à ma bête? Non, je l'aurais sentie! Cette fois-ci, on dirait que ma louve est à mes côtés en personne.

Je la cherche alors que ces grondements menaçant se font plus clair. Comme je m'y attendais, elle apparaît devant moi, tête basse, crocs mis en évidence, elle semble prête à m'attaquer.

Je ne sais pas comment je fais pour me redresser et lui faire face. Elle est toute proche mais encore une fois, je ne sais pas comment est-ce possible qu'elle soit là en face de moi, une loup énorme au pelage chocolat,

Dieu qu'elle est belle, j'ai toujours été fière d'elle.

" Qu'attends-tu pour te réveiller? " dit-elle sans bouger. Elle pense dans ma tête, cela me rassure un peu.

- Je ne peux pas... Dis-je et j'ai droit à un autre grondement menaçant.

" Tu es faible! Attends-tu que je te sorte de là? Encore?" Crache t-elle encore plus en colère.

- Aide-moi! Dis-moi comment faire... Je t'en prie... Sanglotais-je.

" Regarde ce que tu as fais... Notre moitié nous a sauvé, encore et toi tu ne fais rien pour l'aider!"

Je le dévisage, trouvant la force de me reprendre un minimum dans ce monde ébène. Elle m'accuse sans le moindre doute. Je sais que j'ai fais une erreur, pas besoin de me le redire. J'ai besoin de solution!

Les ténèbres se dissipent pour me montrer des images de mon passé, ma chambre d'enfant, mon lit, moi dessus effrayée par les cris de dehors. Je questionne ma louve du regard mais elle ne daigne pas me regarder, toujours en colère.

Lorsque Nash entre dans ma chambre, mon coeur rate un battement. Il était si jeune, sans cicatrice, sans colère sur son visage. Ses yeux se pose sur mon petit corps d'enfant et ils s'illuminent reconnaissant sa moitié.

Je me rends compte que mon petit moi n'a pas peur de cet étranger. "Où sont mes parents?" demandais-je de ma petite voix. "Ils vont bien, mais toi, tu dois t'en aller."

Je jette un oeil sur ma louve pour qu'elle m'explique pourquoi m'a-t-elle renvoyée au passé, je me souviens de tout ça, peut-être veut-elle revivre cette rencontre et me montrer ce qu'elle a ressenti à ce moment là?

" Je ne veux pas partir! Je veux aller aider mes parents!" crie ma petite voix. Nash s'assoit sur le coin du lit, il me prend la main alors que mon petit moi le dévisage sans comprendre. " Tu dois te sauver! Si tu venais à disparaître, je deviendrais comme lui, je ne veux pas devenir un monstre sans âme! je veux mon âme! Et mon âme, c'est toi! Réveille toi ma moitié! Sauve toi tant que tu le peux et lorsque nous nous retrouverons dans un futur proche, nous pourons alors ne faire qu'un...."

J'observe mon petit moi écarquiller les yeux, elle ne comprends pas ce qui se passe mais son corps réagit, ses yeux s'illuminent enfin, reconnaissant sa moitié dans ce grand corps devant elle. J'avoue ne plus me souvenir de ce qui s'est passé après alors j'observe silencieusement.

Nash approche de la petite et pose un tendre baiser sur son front, puis ses lèvres. la petite moi ne bouge pas. " Te reverrais-je âme-soeur?" Dis-je mais ce n'est plus tout à fait ma voix, on dirait que ma bête se bat pour prendre place dans mon petit corps. " Je te retrouverais ma douce..."

Un hoquet de surprise m'échappe lorsque Nash approche ses lèvres une nouvelle fois pour souffler une lumière doré dans ma petite bouche. Lorsqu'il s'éloigne, il semble tellement fatigué et s'éffondre au sol. Mon petit moi ne bouge pas tout de suite. Elle se lève lentement alors que son corps est secoué par de petits tremblements qui grandissent jusqu'à la faire tomber au sol.

Je suis sous le choc. Ce n'est pas possible! Ma louve prend difficilement place dans mon petit corps d'enfant. C'est pour ça que je ne me souviens pas d'avoir fuis. Elle l'a fait à ma place.

La bête dans ma chambre se retourne une dernière fois sur le corps inconscient de sa moitié, pour ensuite fuir dans les bois aussi vite que le possible lui permet.

"Il nous a donné son énérgie pour que je puisse sortir... Il l'a fait à ses dépends... " souffle ma bête plus calme.

- Que lui est-il arrivé après?

" Sa bête a prit sa place le temps que son humanité récupère... C'est un art très ancien, seule quelques Alpha peuvent le faire. Il a eu de la chance et a retrouvé son humanité au bout d'une année..."

- Une année passé dans la peau de sa bête? Criais-je stupéfaite.

" Non, stupide chose! Une année en tant que loup! Sans aucune humanité, aucune âme, aucune conscience... Juste une bête assoiffée de sang! "

Je regarde autour de moi, tout est redevenu noir, il y a juste cette petite lueur dans le fond. Elle semble plus proche cependant, plus claire. Ma bête grogne pour attirer mon attention.

- Si je vais là-bas, je passerais de l'autre côté? Quémandais-je sans la regarder.

" Si tu vas là-bas, tu me prouveras que j'ai raison de te mépriser en ce moment, que tu es lâche et faible, que tu ne me mérite pas!" Grogne ma bête en se jetant sur moi pour disparaître alors que je me protège de mes mains.

Elle est partie, elle me laisse seule.

Je ne peux pas rester ici! Je dois sortir, je dois retrouver ma moitié, ma bête, mes amis! Je dois prouver à ma bête que je la mérite! Je dois me réveiller.

- Réveille toi! Hurlais-je de toute mes forces. Je crie encore et encore en y laissant toute ma rage. Toute ma colère. Toute ma peine. Au fur et à mesure que mes cris faiblissent de désespoir, les ténèbres s'éclaircissent. Je reprends espoir et me redresse pour m'encourager une dernière fois.

Je crie de toute mes forces...

Je suis dans une chambre, cette chambre que j'ai connu qu'un bref moment. La chambre de Nash...

** 22 **

Je suis seule, je ne comprends pas pourquoi. Je pense ne pas pouvoir me lever mais en essayant, j'y arrive est cela devient encore plus étrange. Ne suis-je pas censé avoir mal? Et surtout, n'y at-il personne pour attendre mon réveil?

Je relève a chemise que je porte et remarque la peaux lisse de mon ventre intacte. Aucune blessure? Depuis combien de temps je suis inconsciente? Ou sont les autres?

Je tente de parler à ma louve mais celle-ci garde le silence. elle ne se manifesterai que lorsque je serais en danger. Je la comprends, j'ai vraiment merdé...

Une impression étrange me noue l'estomac, machinalement, je passe ma main sur ma nuque, ensuite mon cou et là je comprends. ... Ma marque?

Il n'y a Plus de marque!

J'accours devant la glace pour vois, je dois me tromper, une marque ne disparait pas comme ça! Sauf si j'ai attendu trop longtemps, ou alors que mon âme se soit éteinte... Impossible!

Je sors à toute allure pour le trouver. Nash! ou es-tu? Je traverse les pièces et en sortant me cogne contre un corps dur que je ne connais que trop bien. Tobb? Mais que fait-il ici? Derière lui se cache la petite Trish qui n'es plus si petite que ça...

Mais que ce passe t-il? La peur devient insuportable, mon corps le ressent, il tremble d'appréhension. Tobb me soulève avec une mine trop sérieuse, il me sert dans ses bras mais pas comme avant, il le fait... Amicalement.

- Tu en as mis du temps pour te réveiller... souffle mon amis en me relâchant.

Trish ce blottit à son tour dans mes bras pour ensuite me prendre la main et me faire sortir de la maisonette. Kriss, si je me souviens bien interpelle tout le monde, ils s'excécutent tous sans un mots. Décidement, tout est trop étrange.

Je jette un œil sur Tobb qui s'approche timidement vers la plus si petite que ça Trish. Elle le foudroie du regard avant de se reculer laissant le pauvre homme afficher une mine triste. Vraiment Etrange...

- Mes amis, la Luna s'est réveillée. L'espoir renaît.

Un hourra retentit me laissant encore plus perplexe que je ne l'étais déjà.

- Devons nous rassembler des hommes Bêta? Demande un homme.

- Pas tout de suite Kailab... Nous vous tiendrons au courant de la suite dès que la Luna aura reprit des forces...

Après avoir eu droit à une démonstrations étonnante d'affection, je me tourne vers Tobb qui bizarrement n'a d'yeux que pour Trish, il va jusqu'à sourire niaisement comme un adolescent. Kriss me fait signe de le suivre, je vais enfin savoir ce qui se passe et surtout pourquoi Nash n'est pas là...

Une impression déplaisant me donne des frissons dans le dos. Nous retournons chez Nash, le vide de sa maison la rend étrangement froide et sans vie, même son odeur ne se fait presque plus sentir, depuis combien de temps je suis dans les vapes.

- Quelqu'un va t-il enfin me dire ce qui se passe? Ou est Nash? Quémandais-je agacée, tous se regardent d'un air perplexe.

- Luna, commence Kriss, sais-tu ce qu'est le don de moitié? Demande t-il. Je fronce les sourcils, une chaire de poule me recouvre le bras.

- Non! Dis-je entre les dents. Tobb baisse la tête, Trish à ses côtés alors que Kriss les regarde et inspire pour se donner du courage.

- Et bien, pour t'expliquer, nous avons tous deux parties égales en nous. Il y a notre humanité mais aussi notre bestialité.

Ces deux parties possèdes une demi-âme, comme le dit la légende qui parle de la première bête qui implora la lune de lui rendre sa bien aimée contre son âme. Celle-ci ne lui a prit que sa moitié pour la remettre sans le corps sans vie le l'être aimé.

Seulement le deal n'était pas accomplie, même avec une demi-âme, le jeune fille ne revenait pas à la vie alors le loup... Guidé par la grâce de la déesse....

- Abrège Kriss! Grognais-je.

- La bête a sacrifié une de ses deux moitiés, il a cédé son loup a la lune pour devenir un homme et ainsi pouvoir aimer celle qui partage son âme.

J'ai envie d'éclater de rire mais le sérieux qu'ils affichent tous les trois me calme derechef. Les questions défilent dans ma tête, pourquoi me raconte t-il ça? Je tente de questionner ma louve mais celle-ci reste silencieuse depuis mon réveil.

- Pourquoi me raconte tu ça? Cela n'explique pas l'absence de Nash? Je perds patience merde, ou est-il?! M'emportais-je en me levant furieuse.

- Marisha, calme toi... Intervient Tobb.

- Tout va s'arranger Luna, tu es là maintenant... Souffle Trish pleine d'espoir.

Je les regarde un par un, ils semblent anéanti malgré cet insignifiant espoir de mon réveil. Mes mains commencent à trembler, une couche de sueur froide me recouvre le corps, je le sens si seule sans ma bête et encore pire sans Nash.

- L'Alpha a cédé son humanité pour que tu retrouves la vie Luna, tu as succombé à tes blessures et il a... Il a tout fait pour que toi tu vive... Dit enfin Kriss en fixant le sol.

- Quoi?!? Hurlais-je furieuse. Non!! Non, non, non!!! Répéterais-je en le prenant la tête entre les mains. Non... Soufflais-je sous le choc.

Nash à donné son humanité pour moi? Mais je ne mérite pas ça, je lui ai tourné le dos, je l'ai rejeté... Tobb me prend dans ses bras alors que je m'effondre anéantie, les larmes inondent mes joues en une seconde pour goutter sur le sol. Voilà pourquoi ma bête garde le silence, j'ai tout détruis...

- Nash... Pardonne moi...

** 23 **

Voilà pourquoi ma louve refuse de se manifester. Elle a senti que quelque chose n'allait pas et moi, comme toujours, je n'ai bêtement rien vu. Nash est parti. Il a perdu son humanité pour errer comme une bête pour ne suivre que ses instincts.

Recroqueviller, je pleure en silence cette fois. Cela doit faire deux jours que je suis dans les bois, pleurant pour ma moitié. Ma bête ne veut pas sortir. Je me retrouve humaine et perdue. Je dois le retrouver mais j'avoue avoir peur.

Je sais que je lui ai fait endurer ça pendant longtemps mais s'il me rejette, j'en mourrais. Des craquements de branches me sortent de mes pensées. Je sens l'odeur de Trish mais elle est différente d'avant. Je n'ai même pas eu le temps de lui demander ce qui lui est arrivé.

- Tu es là Luna... Dit-elle en s'approchant pour prendre place à mes côtés.

- Oui ma belle! Décidément, tu me retrouves toujours! Tentais-je de rire. En vain.

- Tu es ma Luna si spéciale ! Couine t'elle.

- Spécial? Et en quoi suis-je si spéciale? Regarde ou j'en suis...

- Ne dis pas ça Luna! Grâce à toi, j'ai rencontré Tobb! Il est peut-être étrange mais il est ... Ma moitié! Souffle t-elle timidement. C'est pour ça que tu sentais si bon en arrivant, tu sentais comme lui.

Pour la première fois depuis mon réveille, je souris sincèrement. Tobb et Trish, cela explique la tension étrange entre eux. Je prends la fillette dans mes bras et son bonheur me réconforte un peu.

- Je te souhaite bon courage ma belle parce que Tobb est très... Spécial! La fillette rigole joyeusement.

- Il a fait la même chose que l'Alpha, il a donné sa vie pour moi! Lorsque karsh t'as prise, Tobb s'est mis devant moi pour me protéger face au trois loups qui voulaient nous tuer. J'ai eu si peur! L'Alpha m'a montré comment l'aider c'est en faisant appel à ma bête comme il l'a fait pour toi, alors Tobb a guéri...

- Voilà pourquoi tu as autant changée...

- Tu dois retrouver ta moitié Luna! Retrouve Nash car même en bête, il reste ta moitié... Tu dois juste amadouer la bête!

Je la dévisage, ces paroles me sont familières. Je me rappelle que Nash les a prononcés lorsque j'ai perdu connaissance. C'est donc de ça qu'il parlait? Il espérait que je sois en vie pour ça? C'est tout ce qu'il faut pour faire le sacrifice. Je lève mes yeux larmoyant sur la jeune fille à mes côtés.

- Je ne sais pas comment faire Trish. J'ai peur qu'il ne me reconnaisse pas et qu'il me rejette. Avouais-je.

- Mais si tu n'essaye pas, jamais tu ne le sauras! Tu dois le faire pour toi, pour ta louve mais surtout pour lui. Parce que j'étais là Luna, j'ai vu l'espoir dans ses yeux avant qu'il ne cède son humanité. Il sait que tu le retrouveras alors ne le décoit pas. Tu dois le retrouver et le ramener à sa meute, à sa famille!

- Mon Dieu, Quand es-tu devenue aussi futé? riais-je nerveusement.

- Je l'ai toujours été! Sauf que personne ne me prend au sérieux! Sauf Tobb, lui, ses yeux brillent lorsqu'il me regarde!

Nous rions bêtement avant de retourner au village. Je perçois tout l'espoir des villageois à mon retour. Ils attendent que je ramène leurs Alpha alors que moi, je me suis bêtement cachée dans la forêt. J'ai honte de moi.

Tobb et Kriss nous rejoingnent. Maintenant que je sais pour Tobb et trish, je vois mon ami différemment. Surtout lorsque la lueur de ses yeux s'intensifie alors qu'il regarde la petite d'une passion sans limite.

Je demande à Kriss des renseignements sur l'état de Nash. Décidée à le retrouver, je dois savoir à quoi m'attendre. Surtout si ma louve est au abonné absente.

- Et bien, si nous avions hâte que tu te réveille c'est parce que, plus Nash passe de temps en animal, plus vite il oubliera son ancienne vie... Humaine. Dit Kriss.

- Lorsqu'il est sorti de la pièce en énorme loup noir, la fureur dans ses yeux était fort présente mais lorsqu'il a regardé autour de lui, il a préféré prendre la fuite dans la forêt plutôt que de s'attaquer à nous. Intervient Tobb.

- Il s'est retourné une dernière fois sur la maison avant de disparaitre dans les bois Luna, priant pour que tu le retrouves. Dit Trish le regard triste.

- Mais, que dois-je faire en le retrouvant et par ou je dois commencer? Demandais-je pleine d'espoirs, priant qu'il soit toujours dans les alentours parce que sans ma louve, je mettrais des jours à le trouver.

- Je suppose qu'il est dans le territoire, à se cacher. Tu devras le chercher à l'odeur Luna. Nous ne pouvons pas venir avec toi parce que trop d'odeur le rendrait fou. S'il lui reste le moindre souvenir de toi, ce serait certainement la senteur que tu dégages, c'est la première chose que nos bêtes remarquent.

- Tu dois faire aussi très attention Marisha! Nash est désormais un loup sanguinaire dont une partie de lui manque. Sans son humanité, il n'est qu'un animal bestial qui suit ses instincts de survie. S'il se sent en danger, il attaquera. me rassure Tobb. Crétin.

- Supplie ta bête de t'aider Luna. Si elle sort, elle pourra communiquer avec lui par le lien que vous avez en tant que moitié.

- Mais j'ai essayé, elle reste silencieuse. Peut-être que si je le retrouve, elle pourra me pardonner et m'aider à l'apprivoiser?

- Ou alors, elle attend que tu te rachète! Ne te leurre pas princesse, tu ne dois compter que sur toi même! Dit Tobb.

- Merci! J'ai compris... Je le foudroie du regard en même temps que Trish.

- Très bien, je partirais dès que le soleil se lève.

La tension est grande. Le regard des miens est intense. Ils ont peur pour moi, je le sais mais ça sera pire si j'échoue. Sans trouver le sommeil, je rassemble quelques affaires pour partir alors que les premiers rayons de soleil apparaisse.

Trish me prend dans ses bras, suivie de Tobb qui nous enlace toutes les deux. Mon coeur bat la chamade, je suis terrifiée. Mais il y a aussi une certaine excitation. Je suis prête. Je vais te retrouver Nash. J'amadouerais la bête et ramènerais l'homme que j'aime pour faire de nos âmes une seule et unique... comme il se doit.

** 24 **

Le soleil est brûlant aujourd'hui. Je me suis arrêtée près de ce lac pour me reposer et me rafraîchir. Ça fait déjà quatre jours que je erre dans les bois, cherchant désespérément une trace de Nash. Et comme par hasard, la forêt n'a jamais été aussi vide!

L'eau du lac me fait un bien fou, cela me détend mais il ne faut pas que je perde trop de temps. Je me laisse couler et fait le vide dans ma tête sous l'eau devenant plus froide alors que je m'enfonce dans sa profondeur. Ma bête ne me donne aucun signe. J'ai pourtant essayé de la solliciter afin qu'elle m'aide à retrouver notre moitié. Il semblerait qu'elle attende que je le fasse toute seule, se sera ma façon de me faire pardonner.

Le pire est que je dois chasser par mes propre moyens et que je doive préparer la viande avant de la manger, lorsque je suis louve, mes sens sot modifiés au point que la chair crue m'est appétissante mais comme ça, cela me rend juste malade.

Je sors de l'eau. Il ne me reste plus que le terrain Nord à inspecter, près de la montagne. Nash ne peut être que là, si non, il a quitté le territoire pour errer plus loin et je ne le souhaite aucunement.

C'est parti! Je trouverais bien une grotte pour passer la nuit en sécurité. Au fur et à mesure que je m'enfonce dans la forêt épaisse, la nuit me suit et assombrit tout autour de moi avec une fraîcheur soudaine. C'est ça le nord, il fait toujours plus froid.

Je ralentis ma course. Une odeur étrange se mèle à la senteur des bois. Je frissonne involontairement en me sentant en danger. Je regarde tout autour, cherchant le danger mais aussi quelque chose qui pourrait me servir d'arme puisque ma louve est toujours absente.

- Tiens, tiens, mais qu'avons-nous là? Dit une voix grave en sortant de nul part. Je suis surprise mais je tente de rester de marbre. Il ne faut surtout pas qu'il sente ma peur. Sauf que deux autres hommes apparaissent derrière lui.

- Mais c'est une vraie beauté! glousse un des deux nouveaux venus parce que l'autre ne se contente que de me regarder... Le corps. Merde, des loups érrants.

- Je cherche quelqu'un! Dis-je d'une voix ferme. Il s'agit d'une énorme bête noir. C'est mon compagnon. Tentais-je, on ne touche pas une des deux moitiés. Sauf que le rire que le premier venu lance me glace le sang.

- Un compagnon? Mais je ne vois pas de marque? Ou peut-être qu'il a fuit en prenant peur? Quel idiot, tu es bandante!

C'est mal parti, je recule d'un pas sans les quitter des yeux. Il faut que je me tire de ce merdier au plus vite. Réfléchis bon sang... Ils sont trois, ils sont grand et fort et moi... C'est vraiment mal parti. Je suis sans louve, je suis assez forte mais comparée à eux, je ne suis qu'un poids plume.

Il faut que je sois plus maligne. Ce qu'ils veulent est clair mais je préfère mourir que de le leurs accorder. Me battre est inutile. Je pourrais les distraire et prendre la fuite? Oui; j'ai repérée une rivière plus bas, Il me faudra courir pour me jetter à l'eau et heureusement que je suis bonne nageuse. J'irais le plus loin possible d'eux, et la senteur de la rivière dispersera mon odeur. Ils ne me trouveront pas à l'odorat. Je me cacherais le temps qu'ils s'en aillent...

- Mon compagnon a perdu son humanité, il est devenu une énorme bête noir comme la nuit. Il faut que je le ramène. Tentais-je de les distraire. Le premier venu est intrigué. Il s'avance d'un pas et Dieu qu'il est effrayant.

- Perdu son humanité? Il a pu faire le sacrifice? Mais c'est devenu impossible... Tu mens! Cela m'ouvre un porte de sortie.

- Non, j'ai été attaquée par son oncle et battue à mort. Nash m'a cédé une part de lui...

- Nash? Intervient le deuxième arrivant. Oh non...

- Tu parle du fils traitre de Brash? Le batard qui a dissimé le clan!? S'approche le troisième d'un pas menaçant. Je me mets en position de défense lorsque le premier lève la main pour l'arrêter.

- Ce chien a pu réaliser le sacrifice? Étonnant...

Je n'attends pas une seconde de plus, je saisis un énorme bout de bois qui me faisait de l'œil. Alors qu'il pense que je vais les frapper avec, je le lance au dessus d'eux. Comme je m'y attendais, ils regardent le bâton, moqueur, pensant que j'ai manqué mon but mais lorsqu'ils posent leur regard sur moi, je suis déjà loin. L'odeur de l'eau qui s'écoule se fait sentir. Les grognements me suivent de prêt mais j'accélère pour me jetter dans l'eau, heureusement profonde pour rester le plus enfouis possible. Je nage un peu pour m'éloigner, ferme les yeux et me concentre pour retenir ma respiration le plus longtemps.

Je les entends arriver. Ce qu'il disent n'est pas très clair et j'avoue avoir envie de rire fièrement. Ils grognent les uns sur les autres, s'insultant d'avoir été aussi stupide. Il faut que je m'éloigne pour sortir plus loin alors je me laisse aller sous la pression de l'eau en faisant attention de ne pas remonter tout de suite à la surface.

Une fois assez loin, je sors reprendre mon souffle aussi silencieusement que possible, restant toujours dans l'eau pour dissiper les odeurs. Je n'entends pas grand chose. Ils ne doivent pas m'avoir suivi. Ne sortant pas encore de l'eau pour m'assurer que tout en sans danger. Je regarde où je suis. Il faut que je reprenne mon chemin pour voir près des montagne si Nash s'y trouve.

Nageant jusqu'à la rive, je fais le moins de bruit possible pour ne pas attirer l'attention du danger. Un plouc se fait entendre derrière moi, comme un cailloux qu'on jette à l'eau. Je me retourne bêtement mais je sens une pression sur mes cheveux et tout mon corps est projeté jusqu'à l'arbre d'en face.

Alors que je tente de saisir ce qui se passe, un rire rauque retentit suivi par deux autres ricanement, merde! Ils m'ont retrouvé...

- Tu croyais nous échapper aussi facilement? Pauvre chose, nous traquons le gibier depuis des années...

Je me relève tant bien que mal, il faut que je trouve un moyen de leur échapper. Je fais appelle à ma bête qui reste silencieuse, s'il te plait, aide moi…

Je lève la tête et celui que j'ai vu en premier me gifle violemment, ma tête part en arrière pour se cogner sur le tronc d'arbre sur lequel je suis appuyée. Il me saisit par les cheveux pour que je lui fasse face. Une boule de dégoût me remonte à la gorge lorsque je le vois se lécher les lèvres.

- On va te garder quelques temps toi…

Je suis perdue. Un sanglot me compresse la poitrine. Je vais y passer sans avoir retrouver Nash pour au moins m'excuser une dernière fois. Un grondement meurtrier me sort de mon apitoiement. Un grognement d'animal sanguinaire. Nous nous retournons tout les trois jusqu'au bruit pour voir un énorme loup ébène avec deux cicatrices visibles sur le pelage et son museau est retroussé.

- Nash? Soufflais-je presque rassurée, je dis bien presque parce que la bête se jette sur nous.

Mon compagnon m'attaque…

** 25 **

Le loup se jette sur l'obstacle le plus proche, à savoir le type qui me reluquait de manière suggestive. D'un coup un de mâchoire, il lui arrache la tête. Les deux autres laissent leurs loups se défendre me laissant enfin seule.

Je ne sais pas quoi faire, fuir ou affronter Nash, qui ne semble pas le moins du monde me reconnaître. D'un coup de patte, il envoie valser le premier loup qui se jette sur lui, le couinement douloureux que la bête expire me sert les boyaux, il l'a apparement griffé en même temps. Le deuxième s'apprête à attaquer. Je m'avance un peu pour me mettre dans le champ de vision de l'énorme bête noire. Malheureusement, lorsqu'elle m'aperçoit, elle grogne furieusement en tentant de me mordre. Heureusement, que j'ai le réflexe de reculer et sa mâchoire se referme dans le vide.

Je suis terrifiée. Les deux loups combattent devant mes yeux, cet autre homme est fort mais moi, que dois je faire? J'appelle ma louve, non, je l'implore de venir à mon aide, sous forme de loup, je serais peut-être moins menaçante pour la bête de Nash ...

Mais qu'est-ce que je raconte, il attaque parce qu'il se sens en danger, sous forme bestial, il ne fera que plus se défendre. Je ne peux pas rester comme ça! Il faut que je tente quelque chose. Je refais un pas alors que Nash a pris le dessus. Mes mains tremblent à cause de la peur, si j'échoue, alors c'est toute sa meute qui sera perdu.

- Nash... Soufflais-je en m'approchant un peu plus. La bête porte toute son attention sur l'ennemi qu'il mord cruellement au cou pour le soumettre. Je retente le coup. Nash, c'est moi....

La bête ébène grogne une nouvelle fois en posant ses yeux azur sur moi. Le mouvement a été aussi violent que si je lui avais lancée une pierre. Il aurait sûrement réagit de la même façon. Il délaisse sa proie pour faire un pas vers moi. Ces grognements persistent, le museau retroussé, les oreilles repliés en arrière, il est prêt à m'attaquer pour en finir.

Je recule et me met à courir a toute allure, j'entends un craquement écoeurant derrière moi. La bête s'est assurée que sa proie ne se réveillera pas. Les branches qui cèdent sous mes petits pieds ne sont rien en comparaison des craquements qu'il fait en me poursuivant. Il me rattrapera, c'est sur et il ne perdra pas de temps pour éliminer la menace: moi.

Je continue d'appeler ma louve, la suppliant d'essayer. "Pitié! Réveille toi! Aide moi! Aide le! Je t'en prie, il nous tuera sans qu'on est le temps de faire quoi que ce soit pour le récupérer..." Mais rien, ma louve me laisse seule. Je dois me racheter auprès d'elle. J'ai tourné le dos à ma moitié contre sa volonté...

Un coup dans le dos me propulse dans les airs pour m'envoyer sur un tronc d'arbre où je m'abats et retombe comme une pierre. Le choc me fait perdre haleine et je gémis pitoyablement. Je sens le loup s'approcher et je me retourne avec peine. Je veux le regarder. Je veux voir ces yeux avant de mourir.

Comme je m'y attendais, il est furieux. Son allure est plus que menaçante. Dire que tout ça est ma faute. Dire qu'il est devenu une bête sanguinaire pour sauver la vie de celle qui l'a rejeté comme la peste. Ma respiration est difficile. Mon dos me brûle, il a du me lacérer avec ces griffes.

Contre tout attente, il s'arrête en face de moi, me reniflant lentement, avec précaution. Cela me donne une once d'espoir. Se pourrait-il qu'il reconnaisse mon odeur? Lorsqu'il se remet à grogner, j'ai ma réponse: non.

- Pardonne moi Nash... Tentais-je. Ses oreilles se redresse, il m'ecoute. Je suis désolée de t'avoir fait souffrir alors que tu m'as aidé durant tout le temps. Dire que je n'aurais jamais le droit de me rattrapper et vivre avec toi ce que nous devions vivre il y a longtemps... Nous accoupler, nous marquer...

La bête grogne violemment, ouvrant sa gueule en face de moi. Un frisson de stupeur me traverse l'échine. Les larmes se mettent à couler. Mon petit corps est secoué par de petits tremblements mais je ne vais pas fuir. S'il ne me reconnais pas maintenant, alors il ne le fera jamais.

- Tu avais raison... Je t'ai jugé pour les crimes que tu n'as pas comm is... J'ai préféré souffrir et te faire souffrir par rancœur. Tu as le droit de m'en vouloir et ma louve aussi... Je... Je regrette mon amour...

Fermant les yeux, j'attends. J'attends le coup de grâce. Sentant en moi ce que je n'ai plus sentie depuis longtemps, une douleur dans la poitrine. Un gémissement me remonte l'oesophage. Ma louve se réveille. Elle doit s'être prise de pitié pour moi. Mes lèvres s'ouvrent pour laisser le son pitoyable sortir. Un couinement d'animal souffrant.

J'ouvre les yeux pour voir Nash se reculer. Mon corps tremble de plus en plus. Mon esprit s'éteint pour faire de moi un spéctateur et non plus acteur. Ma louve prend ma place. Je laisse mes instincts prendre le dessus, priant pour qu'elle calme la fureur de ma moitié...

Je gronge de toute mes forces. Nash me regarde longement, étonné par ma nouvelle apparence. Cependant, son allure menaçante est en premier plan. Il baisse la tête pour évaluer le danger que je représente. Je fais de même mais ma louve n'est pas d'accord. N'étant que spectateur. Je ne peux pas intervenir, juste suggurer, et elle me répond par un simple mot: Silence!

Elle s'apprête à faire ce que je n'ai pas réussie: elle va amadouer la bête...

La tête basse, le museau presque à terre, je suis plus que soumise. Un seul assaut du monstre devant moi et s'en est fini. Ma louve gémit de manière pathétique, voulant montrer qu'elle ne représente aucune menace, couché devant le loup noir devant nous. Je suis furieuse.

Il faut qu'elle se batte pour le récupérer et non le laisser nous tuer! Je tente de la raisonner mais ma louve m'a mise en mode veille, me laissant observer et ressentir sa souffrance.

La bête noire s'approche de nous. Elle renifle lentement mon museau, mon crâne, mon cou. J'obéis à ma louve et ne tente rien. Je me contente de sentir l'odeur animal de ma moitié. Cet odeur que je désire plus que tout aujourd'hui. Lorsqu'il se place derrière moi pour continuer son exploration. Il place une patte sur mon dos pour me stabiliser, grognant encore de temps en temps pour m'avertir de ne pas bouger.

Lorsqu'il mord dans la fourrure épaisse de mon cou. Je comprends ce qu'il s'apprête à faire...

Non...

** 26 **

Nash grogne en prenant place sur moi. Sa patte s'enfonce dans mon dos et malgré ma fourrure épaisse, ses griffes percent ma peau. Je gémis faiblement et tente de me sortir de là. Cela ne plait pas à la bête sur mon dos car son emprise sur mon cou devient douloureuse. Le bête m'a apparemment reconnue comme sa moitié. Il s'apprête à me marquer contre mon gré. Je ne peux pas le laisser faire ça. S'il s'accouple avec ma bête dans son état actuel, il n'y aura plus de retour possible. Les paroles de Kriss et Tobb me reviennent en tête.

" La bête pense comme une bête. Lorsque Nash t'a laissé partir, elle est devenue en colère contre sa partie humaine, la jugeant trop faible pour mériter être un Alpha. S'il retrouve sa moitié, il la forcera à rester. Ne laisse pas ta bête se soumettre. S'il te marque pendant l'accouplement animal, ta bête prendra le dessus sur ton être... Tout ce que tu aura fait n'aura servi à rien. Il faut que tu montres que tu es prête à te battre pour lui, pour sa part d'humanité. Il faut que tu prouves à la bête que tu seras une bonne Luna. Il permettra, peut-être, à la part d'humanité qu'il lui reste de se réveiller. "

Je gigote encore, tentant de bousculer la bête énorme qui se prépare pour l'accouplement. Je supplie ma bête de ne pas m'abandonner mais la seule réponse que j'ai, est une vague de déception. Je l'ai déçue, elle ne fera plus rien pour moi. Une humidité soudaine me souille les poils, l'odeur du sang, mon sang. Le loup est impitoyable. Il fera ce qu'il veut que je le veuille ou non. Je geins une nouvelle fois. Il ne faut pas que je perde espoir mais c'est difficile. Le museau retroussé de la bête de Nash me devient visible. Il s'approche de façon moqueuse pour me montrer qu'il a tout le pouvoir.

Il me nargue d'avoir tourné le dos à cette puissance animale. Je grogne faiblement, montrant les dents et c'est comme si je l'entendais rire dans son grognement. L'accouplement animal est bestial. Le plus fort l'emporte, et le plus fort est généralement le mâle. La domination de celui-ci est totale. Il immobilise la femelle, lui mordant la peau du cou jusqu'au sang s'il le faut. Son corps plus puissant ne laisse que peu de mouvement possible pour les louves. Voilà pourquoi nous préférons nous marquer dans notre condition humaine. La tendresse est une part importante de l'accouplement.

Lorsque Nash m'a fait l'amour me revient à l'esprit. Il a été si doux, si tendre, ne se préoccupant que de mon plaisir. Je fermais les yeux pour ne pas voir tout le désir et l'amour dans ses yeux azur. Il ne me demandait qu'une chose... Non, il me suppliait. Le marquer! Ne faire plus qu'un avec lui. Réunir nos deux moitiés pour vivre éternellement ensemble. Nash aurait tenu toutes les promesses d'un homme aimant. Il m'aurait protégé, aimé, jusqu'à la fin des temps... J'ai tout perdu.

Je le sais maintenant. Je comprends que ma louve soit en colère. Mais si j'arrive à avoir une chance, une seule, pour réparer mes erreurs alors je le ferais. Une idée me vient en tête. Il me faut toute la volonté du monde pour ça mais je dois le faire. Je détourne lentement la tête et lèche le museau de la bête. Cela semble le prendre au dépourvu mais il me rends la pareille. Une chaleur agréable naît dans ma poitrine pour se répandre dans tout mon corps. La bête le sent.

Elle se déplace dernière moi pour se préparer à me pénétrer et entamer le processus. C'est ma dernière chance. Une dernière marque d'affection. Je frotte mon museau sur le sien sachant que la douleur va être insurmontable. La bête me pénètre et je grogne bestialement. La peur, la douleur, le plaisir, tout se mêle en moi. J'inspire et expire plusieurs fois, Je dois muter. Je dois redevenir humaine. Je dois prouver à la bête que je suis prête à tout pour récupérer ma moitié. Celle qui me ressemble.

La bête se déchaîne, mordant fermement dans ma peau dont la fourrure disparaît peu à peu. Les craquements de mes os couvrent presque ses grognements animal. Mon corps redevient petit et fragile. La patte immense du loup s'enfonce dans mes côtes pour m'en casser une ou deux. Je ne sais pas mais la douleur m'arrache un cri qui est étrangement animal alors que mon corps devient femme. Ma louve proteste. Elle ne veut pas me laisser lui gâcher sa chance comme j'ai gâché la mienne. Mais je suis maître du jeu. Je suis forte. Je suis humaine.

Je m'encourage en tentant de reprendre ma respiration qui est devenu plus difficile maintenant. Mes jambes se remettent en place et ce n'est qu'à ce moment que la bête remarque que quelque chose ne va pas. Je prie silencieusement pour qu'il recule, qu'il se bouge de moi. Mon corps est devenu trop petit pour son immense chose. Le loup grogne en resserrant son emprise sur mon cou devenu nu et lisse. Ses crocs s'enfoncent sans pitié dans ma chair.

Je crie et cette fois, ayant retrouvé ma voix.- Nash! Revient Nash... Sanglotais-je à bout de force mais la bête veut finir ce qu'elle a commencé. Nash, je t'en prie... Le loup grogne en resserrant son emprise, s'il continue il va me décapiter. Ma vue s'assombrit. La douleur est trop forte. Les grognements de la bête deviennent lointain. La bête me lâche et je me débat pour lui faire face. C'est étrange, pourquoi m'a-t-il lâcher sans finir le processus?

J'ouvre les yeux. La fourrure noire disparaît, laissant la peau meurtri du bel homme. Il semble souffrir car il se tient la tête, combattant sa bête intérieur. Il retombe sur le sol, le craquement de ses os me sort de mon état. Je me relève lentement pour regarder l'homme que j'aime se relever doucement. Sa respiration est difficile. Il reste à terre et fixe le sol. Un craquement intérieur me prouve que je guéris lentement. Il m'avait bien cassé des côtes.

Je me redresse pour aller jusqu'à lui, à quatre pattes comme lui. Je le regarde sans y croire. Il est là? Il est revenu!Du bout des doigts, je touche les siens pour attirer son attention. Nash ne bouge pas. Il fixe le sol, en reniflant douloureusement. C'est bien lui. Tout de lui est là, sa peau, ses cicatrices, son odeur...

- Nash... soufflais-je et il tressailli. Nash regarde moi... Dis-je plus fort, il grogne pour réponse. Relevant lentement la tête, il pose ses yeux sur moi, il semble mécontent.

- Tu m'as ramené... Dit-il au bout de quelques seconde, il se recule pour s'asseoir en grimaçant.

- Je te demande pardon Nash. Je... J'ai été rancunière et je t'ai jugé pour trop de choses...

- Pourquoi!? Grogne t-il. Je m'approche lentement.

- Je suis désolée... Tu avais raison! Nous ne faisons qu'un.... Nash me dévisage, mon coeur se sert. Il a changé d'avis? Il tend la main vers moi mais se ravise et détourne la tête. Que se passe t'il...

- Tu n'aurais pas dû me ramener... souffle t-il...

** 27 **

Nous rentrons au village en silence. Nos bêtes courte et jouent ensemble mais Nash reste distant, il n'a pas dit un mot depuis qu'il m'a demandé pourquoi je l'ai ramené. Il s'est contenté de laisser sa bête sortir, se réconciliant avec sans plus aucune attention pour moi.

Le loup ébène devant moi m'a reniflé gentiment pour ensuite me bousculer. Il voulait vérifier que j'aille bien. Mes blessures ont guérient rapidement.

Ma louve ma mise à l'essai, attendant jusqu'à la fin, c'est à dire l'accouplement complet pour me refaire confiance. Elle est cependant très heureuse de retrouver sa moitié à elle. La bête.

Je pensais que Nash serait content de me voir, qu'il serait fier que je l'ai retrouvé pour le ramener mais la déception que j'ai vu dans ces yeux ne m'annonce rien de bon.

Je suppose que je l'ai déçu lui aussi. Je déçois tout le monde. Il a peut-être changé d'avis? Il est peut-être fatigué d'attendre et préfère se trouver une autre compagne plus fiable. Même s'il ne trouvera le véritable bonheur qu'avec sa moitié...

Ma bête grogne contre mes pensées. Je la rassure tout de suite. Je me battrai pour lui! Je ferai en sorte qu'il me pardonne. Je lui prouverai que je le mérite!

Le village est là, lorsque tout le monde aperçoit deux énormes loups se faufiler, ils se figent. Ma bête lèche le museau de Nash et des hourras retentissent. Ils accourent auprès de leurs Alpha et Luna. Nos bêtes sont fières de cet accueil. Il n'y a rien de mieux qu'être aimé et respecté par sa meute.

Trish accourt en pleurant, gardant néamoins ces distances. Les loups sont imprévisibles et même si nous sommes mi-humains, nous ne contrôlons pas toujours nos réactions animales. Tobb arrive avec des vêtements, Nash grogne en l'aperçevant mais ce calme lorsque Trish lui prend la main. Cela me donne un élan d'éspoir, serait-il jaloux? Il doit détester Tobb pour le passé commun que nous avons mais avec Trish tout est différent.

Nous reprenons forme humaine dans un coin et nous habillons. j'ai eu droit à un grand t-shirt et Nash un jeans en mauvais état. Il lui va cependant à ravir. Profitant de ce moment, je lui prends la main pour l'obliger à me regarder. Je ne supporte pas de le voir me tourner le dos.

C'est ce que je lui ai fais moi, je ne lui ai pas laissé une chance de se repprocher de moi. J'ai évité son regard, de peur de céder, le blessant intentionnellement. J'avais peur de poser mes yeux sur lui et de ne plus pouvoir les enlever, parce que Nash est la plus belle personne que j'ai jamais eu le plaisir de rencontrer.

Je sais que chacun a sa moitié et que peu importe son allure, elle est faite pour nous plaire. Mais Nash est un bel homme, bien bâti, grand et fort, son teint est presque doré et ces cicatrices sur son dos et son visage ne font que le rendre plus séduisant.

- Nash, parle moi… Dis-je en tirant sur sa main. Lorsqu'il se retourne, son regard est glacial, j'en ai un frisson de frayeur dans le dos. Il me déteste?

- Pas maintenant. Il faut rassurer la meute.

Quelques mots et il s'en va. Je le suis déçue, entendant les cris de joie des siens. Ils sont vraiment content de le revoir, c'est si beau à voir un Alpha n'aspirant pas la crainte. Quand ils me voient, leurs joies est semblables, ils me soulèvent en hurlant à la lune. Je suis contente d'avoir réussis. D'avoir ramené leur chef parmi eux. Mais quand je repose mon regard sur Nash, il regarde au loin dans le vide.

Ce qui se passe après me broie les boyaux. Un feux est allumé, de la nourriture préparé, la musique retenti… La fête commence mais Nash n'est pas là, je le vois partir parmi la foule, lorsque je le suis il me stop en levant sa main.

- Tu devrais aller te débarbouiller… Ne me suis pas.

Personne ne semble remarquer la larme qui m'échappe alors que j'hoche la tête, chose qu'il n'a pas vu puisqu'il est déjà parmi les siens, riant et buvant avec eux. Je rentre dans la maisonnette et part me doucher. Il finira bien par rentrer? Non?

Les champs des louves retentissent, la fête bas son plein. Moi, je suis dans la maison, seule, personne ne semble se rendre compte de mon absence. C'est douloureux.

Tout ça est de ma faute. Je le mérite.

Il passe une étérnité avant que la porte ne s'ouvre et à ma grande déception, je vois Tobb entrer. Il marche lentement comme s'il avait peur de me réveiller et je ne dis rien, l'observant amusé.

- Tu ne dors pas? Dit-il en me voyant. Je réponds d'un signe de tête de peur que ma voix ne trahissent ma tristesse. Viens faire la fête alors! Nash a dis que tu es fatigué. Qu'il ne faut pas te déranger après ce que tu as vécu...

Nash à donc dit ça? Alors qu'il m'a envoyé ici, il fait la fête avec les autres en ayant bien précisé que je ne suis pas d'humeur à faire la fête. Je suis furieuse mais je ne lui en veux pas vraiment. Je vais lui montrer que je me battrai pour lui.

- J'étais épuisée mais je me sens mieux. Allons-y. Dis-je en me levant, mon ami me retient, Tobb à toujours su lire en moi. Je lui fais face et tente de sourire mais son forcément de sourcils m'indique clairement qu'il n'est pas dûpe.

- Quelque chose ne va pas? Tu peux me parler Marisha. Souffle t-il lentement.

- Je... Il Semblerait que Nash ne soit pas aussi contente qu'on pouvait le croire. Il aurait préféré rester un animal. Mais je lui ferais changer d'avis! Dis-je fermement.

- C'est le mieux que tu puisse faire ma belle. Prouve lui que tu ne lâchera pas prise cette fois.

Je l'enlace et nous sortons. Trish vient nous rejoindre et la façon qu'elle a de renifler Tobb, qui doit sûrement avoir mon odeur sur lui, est adorable. Cette petite à du caractère. Il va en baver Tobb!

Dans la foule, je me faufile alors que des louves dansent de joie. Les couples sont près du feux et ne se gênent pas pour manifester leur amour. Notre espèce à cette capacité d'avoir un seul compagnon pour la vie et de ne pourtant ressentir aucune possessivité envers elle. La fidètlité et la confiance sont reines. En tout cas, c'est ce qui se produit après l'accouplement parce qu'avant, la jalousie nous conduit à des envie de meurtres.

Comme celles que j'ai en ce moment.

Nash est entouré de femelle en chaleur, elles dansent autour de lui, le touche, l'embrasse comme si rien n'était. Le pire est que lui se laisse faire. Savourant chaque contact. Je sers les dents et retient de grogner, malheureusement, ma louve n'est pas d'accord.

Je m'approche lentement vers eux. Nash me remarque en premier pour rapidement détourner la tête vers une blonde pulpeuse qui exhibe son immense poitrine. J'ai l'impression que Nash se retient de lui enlever ce ridicule bout de tissus qui la lui recouvre.

à Quoi joue t-il?

Je grogne cette fois, laissant ma louve montrer son mécontentement. Les femelles partent en me dévisageant mais Nash ne me porte toujours aucune attention. Je le force à me regarder et lui prend la main une nouvelle fois pour le supplier de m'expliquer ce qui ce passe.

- Je crois qu'on devrait rentrer... Il faut qu'on parle... Je t'en prie. demandais-je en cherchant son regard. Lorsqu'il pose ses yeux sur moi, je me retiens de ne pas reculer.

- Il est inutile que tu m'attendes. Siffle t-il entre les dents. Je crois que tu n'as pas très bien compris qu'en partant la première fois, tu m'as perdue!

** 28 **

Je n'arrive pas à le croire. Je le suis du regard pour le voir retrouver cette blonde à la poitrine XXL. Il ne s'en sortira pas comme ça! Je ferais tout pour le reconquérire et il ne sait pas de quoi je suis capable! Je cherche des yeux dans la foule un mâle susseptible de faire de la concurance à Nash.

Je sais, c'est puérile de vouloir jouer son jeu et le rendre jaloux autant que je le suis mais j'ai un plan en tête. Un plan qui ne pourra que marché si je m'y prends bien et que je ravale ma fièrté. Je rejouins le mâle en question qui me sourit en me voyant.

- Bonsoir, j'aimerai qu'on parle! Dis-je d'une voix sensuelle.

- Bien sûre Luna.

Merde! J'avais oubliée ce détail, par respect pour l'Alpha, aucun homme ne tentera quoi que se soit, sauf si j'use de ruse. Tant que Nash y croit, le reste je m'en fiche.

Je jette un oeil sur ma moitié, j'ai bien sentie qu'il me regardait lorsque j'ai abordé ce type mais là, il rit bêtement avec cette femelle. Aaarg!

Je me déhanche avec toute la maladresse dont je suis capable jusqu'au coin calme mais toujours visible par Nash. Je dois m'assurer qu'il n'entendra pas ce dont on va parler parce que je n'ai aucune intention de draguer ce type. Je veux juste des renseignements.

Je relève la main sur son torse et le caresse tendrement. Lui souriant de manière timide en battant des cils. Je n'ai jamais vraiment draguer qui que ce soit mais j'ai vu des femelles le faire.

- Comment tu t'appel? Demandais-je d'une voix séduisant.

- Sharky Luna. M... Merci d'avoir ramené l'Alpha.

Oups, il mentionne son Alpha, cela veut clairement dire qu'il lui restera fidèle malgré mes tentatives de séductions. Je lui sourit de nouveau, il va falloir qu'il participe malgré lui!

- Sharky, j'aimerai que tu m'aide à faire quelques chose. Je serais bientôt ta Luna officiel mais pour être sûre de satisfaire ma moitié, j'aimerai savoir ce qu'il aime... En tant qu'homme...

Je continue à le toucher, en souriant sans arrêt, je regarde discrètement Nash et nos regard se croisent. Il doit se demander ce qui se passe mais je fais ça pour lui... Prise par un courage soudain, je lui fais un clin d'oeil.

Lorsque je le vois exorbiter ses yeux, n'en revenant pas, j'ai presque envie d'éclater de rire mais je me retiens. je passe ma main sur l'épaule de Sharky, descandant lentement jusqu'à sa main pour la lui prendre.

- Si je suis gentille comme sa? Est-ce que ça lui plaira... Quémandais-je alors que l'homme rougit à vue d'oeil.

- L... Luna, moi... ça me plais... Beaucoup! Mais l'Alpha... Il nous regarde... Sa y est, il l'a dit. Il restera fidèle à son Alpha. Alors je me déplace pour tourner mon dos à Nash.

- Ecoute moi bien Sharky, ce que je veux savoir c'est ce qui plais à Nash!

Le pauvre garçon écarquille les yeux et une déception y passe, le sourire qu'il me fait ensuite me soulage. Je suis devenue tellement mauvaise. je dois reconquérir Nash!

- Que puis-je faire pour attirer son attention? Aide moi s'il te plais...

- ET bien Luna, l'Alpha est une homme, et tout les hommes aiment que les femmes prennent les choses en mains. Dit-il en regardant mon corps. Je suis bêtement son regard, sans comprendre qu'il me matte tout simplement.

- Sois plus claire s'il te plais! m'agaçais-je.

- Allez prendre votre compagnon et ramenez le chez vous pour lui montrer à quel point vous avez envie de lui!

- Mais c'est l'Alpha! Si je tente de le dominer au lit il va m'envoyer valser à l'autre bout du village! M'emportais-je. Je me retourne pour observer Nash, la blonde à prit assez confiance pour enlacer MON compagnon!

- Alpha ou pas, il reste un homme. Bonne chance Lune. Dit -il avant de s'en aller.

J'observe la meute s'amuser, Tobb et Trish dans leur petite bulle de bonheur. J'aurai pu vivre ça aussi avec Nash si j'avais su saisir ma chance. Reposant mon regard sur ma moitié, ma louve gémit face à ma faiblesse. Elle a eu raison de m'en vouloir, je suis stupide.

Inspirant profondément, je m'avance vers mon âme pour la reconquérir. Je ne baisserai pas les bras. Devant les femelles en chaleur, je laisse ma bête grogner férossement. Nash est à moi! Je saisit la main de ma moitié et l'attire chez nous! Oui, chez nous... Que c'est bon de le dire.

Une fois dedans, Nash retire sa main pour protèster. Mais je ne le laisse pas faire. Je le prends pour le tirer jusqu'à la chambre. Nash me dévisage. Encore. Cepandant, je vois une petite éteincelle de satisfaction dans ses yeux... Je dois me tromper.

- A quoi tu joue? Aboie -t-il. Je prends ma respiration pour m'encourager.

- Je te veux! Je ne veux que toi! Je suis prête à tout pour toi!

Nash me dévisage, la mâchoire crispé. Lorsque ses yeux descendent sur mon corps, je sens une chaleur agréable m'envahit. Je m'approche timidement et tend la main sur sa poitrine, Nash grogne sur moi.

- Tu as eu ta chance... Dit-il entre les dents.

Il ne faut pas que je baisse les bras. Je plante mes yeux dans les siens, le défiant de me repousser.

Je me déshabille sachant que ma nudité a un effet sur lui, non pas Parce que c'est un homme mais parce qu'il y a une attraction réel entre nous. Nous ne pouvons pas lutter contre cela. L'attraction de deux moitié qui s'attirent mutuellement pour ne faire qu'une.

Nash me regarde enfin avec ces yeux d'autrefois, des yeux pleins de désires. Je tente de le toucher une nouvelle fois mais il recule.

Perdant patience, je lui saisis le bras et par je ne sais quelle force, je le jette sur le lit. Enfin, le jeter est un bien grand mot, je dirais que je l'ai suffisamment bousculée pour qu'il s'assoit sur le lit.

Je me place devant lui lorsqu'il essaye de se lever, il fixe le sol pour calmer le désire qui monte en lui mais cela ne doit pas se produire. Je lui soulève la tête en le prenant par le menton, son combat intérieure est perceptible mais je dépose un petit baiser sur les lèvres. Dieu, elles m'ont tellement manquées.

- Je suis à toi, toute à toi Nash...

Lui prenant la main sans le quitter des yeux, je la place sur mon cou, là où je désire être Re-marquée, je redescend sur ma poitrine, Nash ressert ses doigts inconsciemment, cela me fait sourire. Lorsque je lâche sa main, il la maintient toujours.

Le chevauchant, je bouscule son corps en arrière et me blottir contre lui. Son parfum, sa chaleur, tout me manquait terriblement. Nash place des mains sur mon dos, il entame de petits va-et-vient rassurant. Je me rends compte que je pleure de joie: je suis dans ses bras...

- Je t'aime Nash! Soufflais-je de ma voix tremblante. Ma moitié retient son souffle quelques secondes.

- Tu ne me quitteras plus? Dit-il au bout d'un moment.

Je me redresse pour planter mes yeux dans les siens. Je l'embrasse ensuite avec toute la passion que je ressens pour lui. Nash passe une main sur ma nuque pour approfondir notre baiser et je me surprends à gémir de satisfaction.

Son regard azure brille comme la lune, le mien y fait reflet. Ses canines m'apparaissent alors qu'il se lèche les lèches, j'en fau autant. Nash est prêt à me re-marquer, et moi aussi... Nous nous occuperons de l'accouplement après, lorsque nos âmes ne feront plus qu'un.

- Tu es a moi... Grogne -t-il.

- Et tu es as moi...

** 29 **

Tobb

Elle a réussie, Marisha à ressoudé son âme à sa moitié. Ils ne feront plus qu'un.

Je n'y ai jamais vraiment douté. Marisha est forte, elle l'a toujours été, depuis la première fois que j'ai posé les yeux sur elle. Une fillette de douze ans, sale, effrayée, blessée.

Elle ne pleurait pourtant pas. Elle nous regardait, ne sachant pas si elle pouvait se laisser aller ou pas. C'est sa louve qui à prit les avant en se manifestant pour pleurer la mort des siens...

Enfin, je croyais. Ce fut à ce moment la première séparation avec sa moitié. Elle pleurait peut-être pour ça? Même si la partie humaine l'ignorait, sa Bête l'a sentie, elle.

Ce fut la seule et unique fois que j'ai vu des larmes sur ce visage angélique. Après, Marisha ne faisait que se surpasser. Voulant montrer à tous qu'elle n'est pas une chose fragile. Moi, je l'ai toujours su. Lorsqu'elle courrait, combattait, chassait, elle était toujours la première, par la simple volonté de son esprit. Elle à démontré à tout le monde qu'elle ne baissera pas les bras.

Je trouve que Nash est parfait pour elle. Il se ressemble et se complètent. Ils ont la même volonté, la même force, ils n'écoutent personne, pas même leurs bêtes intérieur. Deux vrai idiots! Un couple parfait....

Trish lui ressemble. Elle a la même étincelle que la Luna dans le regard. Je la cherche des yeux, la trouvant, je ne suis pas étonné qu'elle regarde la maison avec une expression de joie dans ses beau yeux noisette. Trish a tout site aimée Marisha, elle a dû me sentir sur elle...

Dire que cette petite femme est à moi. Trish est la plus belle chose qui me soit arrivé. Elle me regarde et comme toujours écarquille un peu les yeux lorsqu'elle voit que je la regarde, pour ensuite me sourire timidement.

Jetant un dernier regard sur la maison, elle vient me rejoindre. Sait-elle se qui se passe la dedans? Dans quelques année, moi aussi je le revendiquerais, je ma la marquerais, et je ne lui laisserais plus la chance de s'éloigner ne serait-ce que de deux pat. Elle est à moi!

Tirsh me prend la main, elle ne fait jamais ce genre de chose, trop gêné que je sois plus âgée qu'elle mais lorsqu'elle sera adulte et que son métabolisme aura cessé de se développer, nous vivrons longtemps, très longtemps ensemble.

- Alpha et la Luna semble s'être réconciliés! Dit-elle en souriant. Se sourire....

- Oui ma belle, je t'avais dis que Marisha y arrivera, elle y arrive toujours. Trish fonce les sourcils.

- Bientôt, leurs bêtes sortiront pour terminer l'accouplement, et nous hurleront à la lune tous ensemble pour fêter le liens.

- Oui princesse... Soufflais-je en le reniflant discrètement, elle sent divinement bon, la sentir m'apaise.

- Tobb? ... Je suis contente que tu sois mon âme! Dit-elle en détourant les yeux, rougissant à vue d'oeil. Ma bête grogne de satisfaction. Quel bonheur!

- Et moi, je t'aime... Dis-je en lui déposant un baiser sur la joue, elle va me rendre fou! Trish me repousse en gloussant et me gifle les mains alors que je la tire vers moi.

- Espèce de pervers! glousse t-elle en se débattant.

Sa y est,une louve couleur chocolat sort de la maison, elle arrive auprès de la meute pour exhiber sa marque humaine encore saignante. Une bête ébène énorme la rejoint, museau à l'aire, la même marque sur le cou. il tourne autour de a femelle, la reniflant aors que celle-ci, joueuse lui tourne autour.

Je jette un oeil sur Trish, ses yeux pétillent d'excitation. Mon coeur se réchauffe, cette petite femme, me femme, me rendra fou!

Se déplaçant vers les bois, le coupe Alpha se retournent une dernière fois sur nous avant d'aller terminer le rituel. Relevant la tête au ciel, ils hurlent à la lune. La meute ne les quittent pas des yeux. Les imitant en hurlant à leur tour.

Trish entrelace nos doigt en me prenant la main, elle se lève, me jette une regard en biais avant d'hurler à son tour. Le son qui sort de sa petite bouche fait trembler mon âme à m'en faire frissonner. Cette petite chose est à moi.

Je marque mon respect en lâchant ma bête, je me soumets à l'Alpha Nash pour ma bien aimée. Trish ressert l'emprise de sa main, me prouvant que je lui fais le même effet qu'elle.

Le couple se détourne vers nous. Marisha grogne gentiment, se moquant gentiment sans doute de moi et ma petite moitié. Nash relève le museau avant d'hurler une nouvelle fois.

Je suis accepté.

Repoussant sa moitié, Nash la pousse à le suivre. La Lune ne se fait pas prier, elle s'engouffre dans les bois, le jeu commence, L'Alpha doit dompter la bête, terminer le processus d'accouplement en se marquant une dernière fois... Pour la vie cette fois.

Ils ont cédé à l'attraction de leurs moitié...

** 30 **

7 ans plus tard

Je me réveille lentement sous les caresses chaudes de mon âme-sœur. Ses mains baladeuses ne se gênent pas pour aller droit sur mon intimité. Pervers!

- Arrête! Prépare toi plutôt pour la cérémonie, et prend les jumeaux avec toi...

- Je crois que ce que j'ai en tête est plus distrayant... Me taquine t-il en se déplaçant sur moi. Tu ne trouve pas... Dit-il en remuant les hanches.

- Évidemment...

Je l'enlace pour déposer mes lèvres sur les siennes, Nash n'attend qu'un signe de ma part pour se mettre en action. Ses mains se déplacent sur mon corps jusqu'à saisir mes fesses pour me soulever afin d'enlever ma culotte...

Le claquement de la porte le ravise, Masha et Sasha entrent en criant pour se jette sur nous. Ils ne cessent de hurler " maman / papa " en sautant sur le lit.

Je redescends ma nuisette alors que Nash grogne de frustration, plaçant la couverture pour cacher son petit problème matinal. Je ris pour le taquiner et il m'embrasse pour me faire taire.

- Beurk! C'est dégoûtant! Dis notre fils alors que Masha glousse en rougissant. Ah les filles.

- Personne ne t'as demander de venir ici! Chaque matins c'est pareil! Et lorsque toi aussi tu trouveras ta moitié, je te reposerai la question! Grogne Nash déçu encore une fois.

- Oh non, c'est bien trop dégouttant... Réplique Sasha pour énerver son père.

Pour réponse, Nash me prend dans ses bras pour m'embrasser de nouveau. Je rigole bêtement en entendant Sasha quitter la chambre en hurlant que c'est dégoutant encore et encore. Lorsque ma moitié me lâche, satisfait, il prend Masha dans ses bras et se lève joyeusement.

- Toi ma belle, tu n'as pas à être pressé de trouver un compagnon! Tu vas rester avec papa et maman pour toujours!

- Bien sure que non papa! Je ne veux pas devenir une vieille fille... Glousse la petite alors que Nash est bouche bée.

Il se met à la chatouiller pour ce qu'elle a dit alors que moi je me presse de quitter la pièce. J'ai mille choses à faire aujourd'hui. C'est une journée spéciale. Je me prépare en vitesse pour préparer à manger aux petits.

Nash ne perds pas de temps, il sort pour préparer la cérémonie d'accouplement de Tobb et Trish. Mon pauvre ami attend ça depuis si longtemps, cette jeune femme à un tempérament de feu, elle lui en a fait voire de toutes les couleurs.

Adolescente, elle faisait exprès de s'entourer de garçons de son âge. Tobb enrageait. elle lui disait simplement qu'elle a le droit de vivre sa vie normalement, que si elle n'avait pas connu Tobb trop jeune, elle aurait agit de la sorte.

Trish est devenu si belle. Je comprends que son âme-soeur soit jaloux. Pourtant, elle l'aime de tout son être, ça se voit dans ses yeux. Ses prunelles couleur noisette s'illumine par l'amour qui y reflète.

Les enfants sortent pour jouer. C'est comme ça tout les jours, je ne les voix pas de la journées. Alors que je m'apprête à sortir aussi, Trish se tient devant ma porte. Elle semble triste et térifiée.

- Et bien ma belle! Que ce passe t-il? Demandais-je en la faisant entrer.

- Luna... Je... J'ai... Je ne veux pas qu'on fasse la cérémonie! Dit-elle. Je glousse nerveusement, sachant qu'elle attend ça depuis si longtemps. Son froncement de sourcil me montre qu'elle ne le prend pas bien.

- Mais enfin Trish... Toi et Tobb êtes...

- Je sais! me coupe t-elle.

- Et vous attendez ça depuis....

- Non! Me coupe t-elle encore en rougissant. C'est lui qui attend ça... Moi, je suis bien comme je suis.

Je m'assois sur le divan et lui tapotte la place à mes côtés pour qu'elle me rejoigne. Hésitante, elle s'assoit en regardant partout dans la pièce. Que ce passe t-il, ils avaient l'aire tellement heureux, cela dit, c'est vrai que Tobb était bien plus impatient qu'elle.

- Explique moi ce qui ce passe... Dis-je doucement, elle observe ses doigts en reniflant.

- Luna... J'ai... J'ai peur! Avoue t-elle au bout d'un moment.

Lorsqu'elle dit ça, je comprends enfin la situation. elle à peur de sa première relation. Tobb est gigantesque par rapport à elle. Elle doit penser qu'il la blessera.

- Ma chérie, tu n'as pas à avoir peur de ta première fois! Tobb est très gentil, il fera en sorte de te mettre à l'aise et...

- Mais Non Luna! Rougit-elle. Elle me fixe étrangement. On... On l'as déjà fais... Gémit-elle.

- Quoi? Mais quand? Et comment?! M'emportais-je. Il n'a pas su attendre le crétin! Criais-je et Trish me prend la main pour me calmer. Son teint devient écarlate.

- C'est moi qui est voulu Luna, et j'ai dû insister! Le défend t-elle. Et tu as raison, Tobb a été merveilleux... Sauf que... J'ai peur de la marque.

- Pourquoi ça ma chérie? Quémandais-je vraiment perdue.

- Parce que... J'ai peur qu'une fois qu'il m'aura marqué, il me considèrera comme acquise. Qu'il ne se souciera plus de me perdre, qu'il ne me désirera plus comme maintenant. Dit-elle en grattant une tâche imaginaire sur sa main. J'ai envie de rire mais Trish semble vraiment accaparée. Comment peut-elle penser de la sorte? Je lui saisis le menton pour qu'elle me regarde dans les yeux.

- Trish, ce n'est pas comme ça que tu dois le voir, au contraire! Lorsque Tobb t'aura marqué et que toi aussi tu auras déposée tes marques sur lui, il y aura un liens permanent entre vous, donc, un confiance et une liberté continue. Il ne se souciera plus de te perdre Parce que tu seras à lui et lui à toi. Regarde maintenant, à chaque fois que tu adresse la parole à une autre mâle, il est prêt à lui arracher les yeux. Tu sais pourquoi? Parce qu'il a peur que tu ne succombe pour lui, pour un autre homme que lui!

- Mais jamais je ne ferai ça! couine Trish.

- Bien sûre que non mais lorsqu'il parle avec d'autre femelles, tu n'as pas cette petite peur qu'il la préfère à toi pour n'importe quelle raison? La jeune fille hôche la tête avant de la rabaisser encore.

- C'est pour ça que j'ai insistée pour qu'on fasse l'amour. Admet-elle.

- Et lui, égoïste qu'il est, il a accepté! Je vais lui botter les fesses! hurlais-je mais Trish me retient encore une fois.

- Je t'assure Luna, je ne lui ai pas laissée le choix... Dit-elle en rougissant de plus bel. Je lui ai dis que j'en avais envie et que s'il refusait, un autre accepterai!

J'éclate de rire. Cette petite à du caractère, j'imagine déjà Tobb devenir fou de jalousie. C'est une chose qu'on ne dit pas à un homme amoureux!

- Je te remercie Luna... Je marquerai Tobb et il sera à moi pour toujours. Sourit-elle soulagée. Comme toi et l'Alpha...

Je la sers dans mes bras avant de la racccompagnée. M'empressant de finir mes corvées avant de préparée la fête avec les autres femelles. La mère de Trish est fière et en même temps triste, pleurniche discrètement. Je la rassure en lui disant ce qu'elle sait déjà. Tobb s'occupera bien d'elle, Trish est sa moitié.

La nuit tombe, le feu est allumé, les chants et les Tam-tams retentissent. Nash est présent, son discours est dit avec une certaine mélancolie. Je lui sert la main pour lui rappeler ma présence et mon amour. Nos enfants sont dans un coin avec d'autres petits de la meute.

Le couple arrive, le regard pétillant.Tobb tient Trish et la ressert un peu plus dans ses bras. Ses yeux brilles de mille feux. Ils ont demandé à se marquer dans les bois, à l'abri des regards indiscrets. Se donnant un baiser passionné, ils laissent leur bêtes sortir pour s'enfuir dans la forêt, sans oublier de jeter un dernier regard vers nous...

Tout est parfait...

CPSIA information can be obtained
at www.ICGtesting.com
Printed in the USA
LVHW032007220323
742311LV00014B/1163

9 781805 099000